LA PORTE
QUI MÈNE VERS SOI

MARIA NEGRU
PETRU IONUȚ NEGRU

LES PARTICULES DE LA VIE

LA PORTE
QUI
MÈNE VERS SOI

VOLUME 1

Traduit du Roumain par:
GHEBRIOUT SLIMANE

Celestara
2021

Copyright © 2021 Celestara Publishing
Édition Celestara
Rue Metalurgiei, No. 4, Vaslui, Roumanie, C.P.730233
Tél.: 0775 150 234, e-mail: contact@celestara.com
www.celestara.com

Conception de couverture: Elena Karoumpali
Traducteur: Ghebriout Slimane
Tehnoredactor: Negru Petru Ionuț

Descrierea CIP a Bibliotecii Naționale a României
NEGRU, MARIA
  Les particules de la vie / Maria Negru, Petru Ionuț Negru ; trad. du
Roumain par: Ghebriout Slimane. - Vaslui : Celestara, 2021-
  5 vol.
  ISBN 978-606-95375-6-5
  Vol. 1. : La porte qui mène vers soi. - 2021. - ISBN 978-606-95375-7-2

I. Negru, Petru Ionuț
II. Slimane, Ghebriout (trad.)

821.135.1

Commandes en ligne: www.celestara.com

*La conscientisation implique
un sentiment intuitif et une
connaissance intuitive.*

CONTENU

La musicalité de la Création

Chapitre 3. Le pouvoir créatif des mots

Chapitre 4. Le flux et la dynamique de l'énergie

Chapitre 5. Le principe de résonance

Chapitre 6. Les oscillations de l'énergie

*Même si certaines personnes
ne comprennent pas comment
fonctionne l'Univers, celui-ci
existera toujours!*

Préface

Chaque expérience peut être regardée et comprise à partir d'une infinité de perspectives et autant de *lueurs* que nous sommes. Pour mieux comprendre *la vie*, il est important d'être prêt à manifester de plus en plus de connaissances, jusqu'à ressentir au-delà de ce que vous avez vécu jusqu'à présent.

Tout au long de votre vie, on vous dit de chercher les réponses en vous-même, or il ne s'agit pas de les chercher uniquement là-bas, mais dans les profondeurs de tout ce qui existe, étant donné que vous êtes partie de l'énergie qui nous entoure. Où que vous cherchiez, vous trouveriez des réponses.

Imaginez avoir devant vous un immense lac où vous jetez en même temps, quelques cailloux, dans différentes directions. Chacun d'eux créera des ondes qui se propageraient à la surface du lac et s'agrandiraient progressivement à mesure qu'elles s'éloigneraient du point de l'impact. À un moment donné, les ondes créées par tous ces cailloux se rencontreraient, et les espaces qui existaient au début entre elles disparaitraient à la suite de leur fusion. Il y va de même pour les questions que vous vous posez. Métaphoriquement parlant, au début, il y avait beaucoup d'écarts entre les informations, mais peu à peu ils se remplissent et l'information prend une continuité.

Il est essentiel que vous vous posiez autant de questions possibles sur la vie, car elles agissent de la même façon que l'eau qui érode les falaises pour se frayer un chemin. Plus vous vous poseriez de questions et plus vous vous ouvririez à la connaissance qui est *une* et qui est toujours en vous, ainsi, les réponses vous viendraient spontanément et vous vous retrouveriez en mesure de deviner une multitude d'informations.

Au cours de la lecture, vous découvririez quelques brins de vérité qui vous aideront à mieux comprendre votre unicité et à vous libérer de nombreuses souffrances que vous avez accumulées au fil des ans. Toutefois, la complexité des réflexions et des expériences que nous vivons ne peut pas s'étaler sur une feuille de papier. Derrière chaque mot existant, il y'a beaucoup plus.

*La Création est infiniment complexe,
tel que tu l'es toi-même!*

Chapitre 1
QUI SUIS-JE?

Vous vous êtes certainement posé la question, *Qui suis-je?* Réduire votre définition seulement à quelques mots, c'est omettre le fait que votre essence est au-delà de toute définition. Tout au plus, vous pourriez énoncer quelques vérités sur l'énergie que vous êtes.

La création est infiniment complexe, comme vous!

Étant donné que vous pensez déjà que vous êtes *quelqu'un*, il y va de soi que vous vous attendriez à des réponses bienveillantes, qui valideraient vos perceptions et ne briseraient pas vos identifications qui vous réduisent en importance et en potentiel.

La réalité physique est de nature énergétique, mais au moment où vous réussissez à comprendre en profondeur la complexité du mode grossier par lequel elle s'exprime, vous arriveriez à comprendre mieux son côté subtile.

Chaque être vivant est un ensemble de formes énergétiques, des formes visibles et palpables aux formes subtiles, qui s'entremêlent et se déterminent mutuellement. Étant dans une fusion parfaite, il est impossible de tracer des lignes de démarcation et de dire que d'ici à là c'est *la matière*, et de là à ici c'est *l'esprit*.

Tout ce qui existe *est énergie*. L'énergie peut se transformer, se comprimer ou se développer, mais elle ne peut jamais être détruite. Nous pouvons parler de processus de création et de désintégration, mais tout cela fait partie des *cycles de la vie*. Vous êtes donc l'*énergie*, la *vie* et la *lumière*.

Le Cosmos se projette sous la forme de l'homme et de toute autre être vivant. Les étoiles et le soleil brillent à travers vous. Peu importe la dimension du sujet de référence, car la projection *de l'ensemble*, peut être contenue, tant dans un éléphant que dans une graine de pavot, dans une particule de pollen ou dans toute autre forme de vie, soit-elle microscopique.

Vous n'êtes pas une partie isolée de la Création. Pensez que l'océan crée continuellement une multitude de vagues et est composé d'innombrables molécules d'eau, mais néanmoins vous ne considérez aucune vague et molécule d'eau comme séparée de lui.

Vous êtes dans un océan infini de particules de vie et bien que vous pensiez que nous sommes *séparés les uns des autres*, en réalité, nous sommes *un* et en même temps *tout*, et ensemble nous formons *l'ensemble*... Accepter cette vérité va dans la mesure où vous vous épanouissez dans la connaissance et la mise en pratique de ce que *vous êtes* en termes d'information.

En nous rapportant à une échelle infinie de la densité d'énergie, on peut dire que, chaque élément qui constitue n'importe quelle forme de vie:

✓ Fait partie d'un circuit sans début et sans fin, dans lequel il *crée* et *communique* au-delà de la forme, du temps et de l'espace, avec l'infinité d'éléments existants;

✓ Passe par une suite de transformations en fonction des éléments avec lesquels il interagit et fusionne;

✓ Est toujours dans une dynamique continue, de sorte que, même si elle fait *maintenant* partie de vous, à un moment donné, elle fera partie d'une autre forme d'expression de l'énergie et ainsi de suite;

✓ A son propre niveau de sensibilisation en fonction duquel il perçoit l'existence;

✓ Génère des actions et des intentions dont l'écho se propage à l'infini et attire des *réponses* que nous appelons *synchronicités* ou *événements*;

✓ Emet des formes d'énergie *pensée - émotion*, en fonction desquelles attirent d'autres formes d'énergie *pensée - émotion*, qui sont créés par les éléments qui composent les autres formes de vie;

✓ A une façon unique de créer ou de détruire, en fonction de la brillance des oscillations qu'il exprime, etc.

Tout est dans un circuit continu, c'est-à-dire dans une dynamique continue. Les énergies grossières qui composent votre corps sont l'expression vivante du flux et de la fusion continue des éléments existants sur cette planète.

Il est dans la nature de toutes les formes d'énergie d'avoir un dynamisme spécifique à leur niveau de conscience et de brillance qui leur assure une variété d'expériences. Ainsi, les éléments qui vous créent changent leurs caractéristiques d'un moment à l'autre, comme une expression de la vie.

Les éléments de la nature vivent à travers vous en ce sens *qu'ils vous* envahissent, *vous* composent, tout en s'enrichissant de l'information et des expériences que vous créez ou vivez. Ceux-ci se transforment en une nouvelle version d'eux-mêmes, après quoi ils quitteraient *votre* corps, poursuivant leur voyage pour d'autres expériences à travers d'autres formes ou environnements de vie.

Bien que vous vous renouiez continuellement, en tant que *corps* et en tant qu'esprit, vous englobez en vous l'empreinte informationnelle de vos ascendants, de tout ce que vous avez été à un moment donné dans cette incarnation, et de tout ce que vous représentez comme partie de l'ensemble de la création. Ce relais de l'information est réalisé avec une *aisance telle*, que vous ne percevez pas dans la vie quotidienne, tout comme, vous ne percevez pas non plus le mouvement de rotation de la planète autour de son propre axe ou l'énorme vitesse à laquelle elle effectue son voyage dans le système solaire.

Au fur et à mesure que vous comprendrez que votre corps est l'énergie, vous arrêterez de le regarder à travers les mêmes filtres limitatifs. On peut dire que le potentiel de chacun de nous est infini, mais c'est nous qui fixons nos limites. Le plus souvent, les limites que vous attribuez à différents sujets de référence, sont caractéristiques de la façon dont on vous a appris à vous rapporter à vous-même ou par rapport à l'existence.

Du point de vue de l'individu, nous *faisons tous* partie d'un *Esprit* et d'un *Corps* couvrant l'ensemble de la Création. *Le moi* nous sert dans la société dans laquelle nous vivons, dans le sens qu'il nous aide à nous exprimer, nous donner une identité et nous distinguer *les uns des autres*, mais il ne représente pas lui seul la réalité.

Le concept de dualité suppose l'existence de deux extrémités, de deux types de manifestations contraires, telles que: la haine et l'amour, le bien et le mal, l'harmonie et le chaos, etc… mais en réalité il n'y a aucun moyen de diviser la Création en deux moitiés et de choisir un point médian comme point de repère, d'autant plus qu'il est infini.

Les éléments de chaque paire de polarités sont complémentaires et ont le potentiel de s'exprimer par une infinité de manières et d'intensités.

Il n'y a pas de lumière sans obscurité, tout comme il n'y a pas d'obscurité sans lumière. Toutefois, l'obscurité est loin d'être inférieure à la lumière, ayant sa propre beauté. Par exemple, pourriez-vous voir les étoiles dans le ciel en l'absence de l'obscurité de la nuit?

La perspective de la dualité implique qu'on se rapporte à la Création, selon une alternative qui met en évidence les termes positifs et négatifs, tandis que le point de vue de l'unité, implique de comprendre et de sentir ce qui vous arrive sous une multitude d'angles, d'accepter qu'il y'a plus que vous ne le pensez en termes de toute expérience que vous avez eu ou pourrait avoir ou créer.

De même, les termes *supérieur* et *inférieur* ont une lourde charge subjective. Ainsi, tous ce que vous considérez comme inférieurs à votre façon d'être et à la façon avec laquelle vous vous referez à la Création, vous tenez à l'étiqueter et à le souscrire à la polarité négative.

Tout ce qui existe est tel quel, alors que, une simple tentative de décrire la vie environnante, consisterait à la minimiser par l'utilisation des mots.

Si vous choisissez de devenir la version meilleure de vous-même, on peut dire en termes de dualité que, l'existence de l'élément *inférieur* peut vous servir de facteur catalytique et vous aiderait à obtenir cette conscientisation qui vous emmènerait à faire le saut quantique vers l'expression de l'élément *supérieur*.

Selon le point de vue de l'unité, chaque sentiment se transforme en permanence à un potentiel infini. Par conséquent, le sentiment que nous appelons la haine peut être considéré comme une forme rudimentaire d'amour.

Toutefois, il n'y a pas de haine et d'amour standard, à partir duquel former un couple antithétique, comme il n'y a pas de gens qui sont simplement aimants ou simplement haineux.

A chaque *instant*, vous générez simultanément un ensemble se sentiments de différentes intensités, d'autant plus que vous êtes créé à partir d'innombrables *particules de vie* qui ont leur propre conscience et qui sont dans une dynamique continue.

Toute expérience peut vous rendre joyeux ou vous ravir dans certains points de vus et vous attrister dans d'autres par rapport auxquels vous exprimiez trop peu de connaissances intuitives, de flexibilité et de réceptivité.

Peut-être que parfois, vous vous blâmez pendant les moments où vous êtes nerveux ou faible, et parfois, vous vous opposez aux états que vous avez créés et ressentez des bouleversements intérieurs, mais par un tel comportement, vous ne faites rien d'autre que continuer à nourrir les mêmes types de sentiments *denses*. En conséquence, votre souffrance et vos faiblesses persisteraient et s'aiguiseraient.

Pour atteindre un état d'équilibre supérieur, il est nécessaire de prendre conscience des facteurs qui alimentent votre colère et votre douleur intérieure.

Lorsque vous arrêterez de vous opposer à la vie, vous parviendrez à voir les parties les plus élevées des situations avec lesquelles vous vous synchroniseriez.

Les regrets sur la façon dont vous aviez agi quelquefois, diminueraient, à chaque fois que vous comprendriez que vous êtes différent avec chaque instant qui passe. A chaque *moment*, vous êtes complètement nouveau et différent de tout autre moment de votre vie.

Il n'y'a aucun sens d'être *coincé* dans un état de regret sur quelque chose qui a fait de vous une autre version de vous-même, d'autant plus que cela ne vous aidera en aucune façon d'aller au-delà de votre condition.

Vous vous renouiez sans cesse avant même votre naissance, alors que vous existiez sous la forme d'un ensemble de sentiments multidimensionnels à l'intérieur de vos ascendants. De ce fait, vous vous renouez à chaque battement de sourcille, à chaque respiration, sourire, pleure…

S'obstiner à vouloir n'être que d'une seule façon, entretient en vous un état de tension et de combat intérieur qui vous fait du mal et limite votre évolution.

Il est beaucoup plus important de se concentrer sur le model brillant que vous voulez être, que de tourner votre attention vers les expériences précédentes que vous avez superficiellement abordé. Vous ne pouvez rien changer de ce qui s'est déjà passé de toute façon.

Pour vouloir s'élever en harmonie et vouloir donner un meilleur sens à votre vie, il arrive que parfois, vous vous synchronisiez avec différents événements chaotiques et troublants qui vous font sortir de la zone de confort. Autrement, le chaos et l'équilibre s'exprimeraient d'une façon unique, de manière synchrone et à différents degrés dans la vie de chacun de nous.

Dans la mesure où vous concentreriez votre attention et votre énergie sur la façon dont vous ne voudriez pas être ou sur les peurs et les impuissances que vous pensez avoir à attirer des expériences épanouissantes, vous vous mettriez dans toutes sortes d'états qui conduiraient à votre chute. Même le simple fait de ne pas vouloir progresser fait que, les éléments qui vous composent stagneraient à un certain niveau, voire, régresseraient.

Dans chaque *instant*, vous êtes l'expression des oscillations des formes infinies d'énergie existantes, et cela implique, ne pas toujours exprimer la même connaissance, la même compréhension et la même compassion. Lorsque les oscillations d'énergie que vous *êtes*, prennent une direction principalement descendante, évidemment, les choix que vous faites et l'attitude avec laquelle vous vous rapportez à la vie, reflète le déclin. Ce fait est naturel, et son acceptation conduit à la guérison et à *l'élévation* des parties en vous qui souffrent encore.

C'est à vous de décider si vous choisissez de *pourrir* ou *de vous épanouir*.

En regardant la vie à travers le trou d'une serrure, vous souffririez... Ayant une double vision, vous aurez, quand des moments de joie intense, quand des moments de souffrance écrasante, alors que les oscillations d'énergie qui vous composent sont très grandes. Même ce qui semble être une oscillation chaotique a son propre flux et l'harmonie conforme à sa *normale*.

Les contrastes sont frappants lorsque vous choisissez de ne voir la vie que dans des tons de *noir* et *blanc* et omettriez le fait qu'il y'ait une infinité d'autres couleurs et nuances de *gris*.

Celui qui guide sa vie en termes de dualité, oscillerait entre l'état de joie et de contentement à celui de souffrance et vice versa, il tendrait à absolutiser, il pousserait souvent tout à l'extrême, il étiquèterait et émettrait divers jugements de valeur, desquels ressortira que la chose est strictement négative ou strictement positive.

Comprendre qu'il y a un flux continu d'un certain niveau de manifestation d'un sentiment à un autre, vous pousserait à ne plus vous subordonner au concept de dualité.

Pour faciliter l'expression et souligner un certain nombre de points, tout au long du livre, nous continuerons à exposer sous forme de dualité certaines informations, seulement, vous, vous resteriez dans le sentiment et seriez en dehors de tout cela! Vous pouvez être surpris par diverses perspectives qui sembleraient être contraires, mais qui font en fait partie d'un tableau unitaire et qui se compléteraient les unes les autres.

LA VALEUR DE L'UNICITÉ

En terme d'approfondissement des événements qui vous arrivent, vous finissez par élargir vos horizons de connaissance et devenir plus brillant.

Plus vite vous apprenez des expériences que vous qualifiez de désagréables, plus vous vibrez souvent et intensément sur des fréquences des sentiments plus élevées, n'ayant plus besoin de vivre des événements similaires. Par conséquence, si vous vous opposez *aux leçons* destinées à faire sortir en surface ce qui est déjà en vous depuis toujours, alors le degré de difficulté des situations à qui vous feriez face va augmenter, et la souffrance à ressentir sera à la hauteur de votre rigidité.

Les leçons sont infinies et multidimensionnelles, tout comme l'existence, de sorte qu'on ne peut pas en arriver à leur finalité, c'est-à-dire à un point où l'on dit qu'on n'a plus rien à *apprendre*. On ne peut pas dire qu'en passant par une expérience particulière, vous avez approfondi de manière absolue *la leçon de courage* ou que, la situation dans laquelle vous vous étiez retrouvé, vous a aidé à accomplir juste une certaine qualité, car, de la même manière qu'un seul point comprend une infinité de points, le point appelé *confiance* comprend une infinité de niveaux.

L'ensemble des émotions que vous vivez, quel que soit le contexte dans lequel vous vous trouvez, ne peut pas être divisé, les émotions étant parfaitement interconnectées. Tout ce que vous expérimentez, implique de différentes façons, tous vos sentiments. Par conséquent, avec le saut quantique que votre être fait vers un nouveau niveau de connaissance, s'élèvera chaque expérience vécue séparément.

Incidemment, chaque forme de vie à travers laquelle s'exprime l'énergie de l'ensemble de la Création se produit à son propre rythme. Tous les bourgeons de la même rose ne fleurissent pas aussi vite de la même manière et toutes les graines du même pissenlit ne germent pas au même endroit et en même temps.

Lorsque vous vous comparez à une personne que vous étiquetiez plus faible que vous, d'une part, vous lui transmettez des ondes énergétiques qui peuvent l'amener à se soumettre à certaines limitations, et d'autre part, vous vous fixez un point de repère qui vous est *inférieur*, auquel il n'est pas nécessaire de faire trop d'efforts pour le franchir.

Si vous prenez comme point de repère une personne que vous étiquetiez *supérieure* à certains égards, vous omettriez le fait que vous lui êtes *également supérieur* en d'autres.

En vous sous-estimant et en déclarant souvent que vous vous sentez inférieur à quelqu'un en particulier, vous vous programmez de manière à ne pas être au-dessus de la personne que vous avez prise comme point de repère, et donc, votre évolution en souffrirait. Pourquoi vous fixer des limites qui pourraient vous faire ralentir du parcours que vous pourriez avoir si vous suiviez votre intuition?

Pourquoi vous vous sous-estimez et vouloir copier les autres, étant donné que chacun de nous est unique et a ses propres talents et qualités qu'il peut améliorer, afin qu'il devienne un maître dans ce qu'il choisit de faire et d'être?

Supposons que quelqu'un soit meilleur que vous quand il s'agit de jouer du piano, alors que vous, vous êtes brillant quand il s'agit de peindre. Si vous continuiez à améliorer vos talents et vos compétences, vous iriez peut-être beaucoup plus loin que celui auquel vous vous êtes comparé.

Il n'y a rien de mal à avoir des qualités plus prononcées que d'autres. D'une part, aussi brillant que vous soyez dans un domaine particulier, il y a toujours place à l'amélioration et, d'autre part, vous êtes composé d'une diversité de formes d'énergie qui ont leur propre rythme d'évolution. Croire que les particules de vie qui vous composent sont identiques, c'est omettre l'unicité de chacune d'entre elles.

L'acte de comparaison n'est pas celui qui peut être classé de manière absolue comme *bon* ou comme *mauvais*, seulement du point de vue de ceux qui se rapportent à lui dans le sens de dualité, il peut être perçu comme ayant deux dimensions, une *positive* et une *négative*.

La comparaison faite d'une manière intelligente peut être considérée comme un moyen de trouver de nouveaux niveaux à atteindre. Vous n'avez pas à rejeter la comparaison, tant que, grâce à elle, vous pouvez remarquer chez d'autres, des qualités que jusque-là vous avez négligées ou même jamais pensé qu'elles existaient.

Il y'a des situations où la comparaison ne peut pas être bénéfique, étant donné la direction descendante vers laquelle se dirige celui qui l'utilise, dans l'idée qu'il peut éveiller: la déception, l'anxiété, la souffrance, le désespoir, l'euphémisme, le mépris, l'arrogance, la fierté, la jalousie, la haine, etc...

Certaines personnes se concentrent particulièrement sur la comparaison avec d'autres ou sur la comparaison entre d'autres, sans être disposées à apprendre de ceux qu'elles critiquent ou desquels elles s'amusent. Dans leur cas, la comparaison est destructrice des deux côtés en ce sens qu'ils ne font pas quelque chose de concret pour se croître, en plus, ils ne laissent pas les autres croître à leur rythme non plus. Les pensées et les émotions qu'ils émettent ont une densité considérable, ce qui peut ralentir le rythme de l'évolution de ceux auxquels ils se rapportent. Étant principalement concentrés sur le jugement de ce que font ceux qui l'entourent, oublient leur façon de vivre, arrivant de ce fait, à ne pas savoir où ils se dirigent, et d'être toujours mécontent de la médiocrité dans laquelle ils se complaisent.

C'est merveilleux d'être un bon observateur de ceux qui vous entourent, dans l'idée de comprendre à quelles de vos parties, il est nécessaire d'accorder plus d'attention pour les améliorer. Par exemple, vous pouvez constater que certaines personnes sont plus aimantes que vous et donc, vous commencerez à vous poser des questions sur ce que vous devriez faire pour atteindre ce niveau ou même pour le dépasser.

Lorsque vous regardez ceux qui vous entourent d'une manière détachée, avec amour et compassion, sans les envier, sans vous sous-estimer et sans vous considérer comme étant en concurrence avec eux, vous ne ressentiriez plus la nécessité de faire toutes sortes d'appréciations pour savoir si vous êtes supérieur ou inférieur. Il suffit tout simplement de prendre les choses comme telles, d'apprendre ce qu'il y'a à apprendre des *enseignants* d'à côté de vous et de partager avec les autres les connaissances que vous avez accumulé.

Aucune forme de vie n'a un comportement parfaitement linéaire, mais oscille plus ou moins en fonction de la façon dont elle parvient à être centrée, tenant compte des expériences vécues, des choix ou des actions qu'elle crée. Si vous vous rapportez à vous-même, *celui d'hier*, vous pouvez également vous limiter, car il est possible de vous comparer à une version plus faible de la vôtre, ce qui ne vous pousse pas trop à augmenter vos capacités. Se comparer à soi-même, celui d'hier, c'est comme vouloir conduire la voiture dans la direction avant, et continuer à regarder vers l'arrière. Comment voir ce qui se trouve en face de vous, si vous regardez toujours dans la direction opposée?

Une approche plus efficace serait que, la plupart de vos choix et de vos actions soient faites avec l'intention de vous surpasser vous-même, celui de tout instant.

RELATIVITÉ DES CHOIX

Certaines personnes choisissent de croire principalement ce qu'elles voient, tandis que d'autres choisissent de voir principalement ce qu'elles croient. Mais il y a aussi des gens qui élargissent leurs horizons de connaissance et de compréhension, choisissant de voir et d'expérimenter au-delà de ce qu'on leur a appris à croire.

Quand vous ne croyez que ce que vous voyez...

De ceux qui choisissent de croire principalement ce qu'ils voient, nous pouvons dire qu'ils attendent qu'on leur offre des explications, des démonstrations et des preuves pour tout ce qu'ils considèrent être au-delà du côté matériel et du palpable. Souvent, bien qu'ils reçoivent des explications pertinentes, claires, concises et compréhensibles, ils restent sceptiques et remettent en question ce qui leur est exposé. Partant du principe qu'il ne peut être réel que ce qu'ils vivent physiquement, ils nient l'existence de formes d'expérimentations subtiles de l'énergie et ne comprennent pas comment d'autres êtres peuvent manifester des sentiments beaucoup plus complexes. Par exemple, il y'a des gens qui ne parviennent pas à induire lorsque quelqu'un pense intensément à eux, de ce fait, à travers leurs propres expériences, ils choisissent de ne pas croire ceux qui perçoivent subtilement les pensées des autres.

Le scepticisme de certains n'est pas seulement une question de connaissance, mais il finit par s'étendre dans les relations qu'ils ont. Ces gens-là ont leurs propres perceptions de la façon dont leurs proches devraient extérioriser leurs sentiments envers eux. Dans le cas où ils considèrent que leurs attentes ne sont pas satisfaisantes, ils concluent qu'ils ne sont pas aimés ou qu'on ne leur accorde pas suffisamment d'attention, ce qui, d'un autre point de vue, peut être faux, tenant compte que, chacun a une façon unique d'exprimer ses sentiments.

Même si quelqu'un ne te dit pas *Je t'aime!*, cela ne veut pas dire qu'il ne ressent pas l'amour envers toi. De même, entendre quelqu'un vous dire *Je t'aime!*, ne signifie pas nécessairement qu'il ressent vraiment de l'amour envers toi autant qu'il le prétend. En guidant votre vie uniquement en fonction de ce qu'on vous dit, vous aborderiez vos expériences à travers une gamme réduite de sens. Si vous percevez clairement les énergies subtiles de ceux qui vous entourent, au-delà des mots qu'ils vous adressent, alors vous sauriez avec plus de certitude si oui ou non ils sont honnêtes avec vous.

Chaque homme prononce au cours de sa vie des milliers de fois différentes déclarations d'amour ou des mots considérés comme beaux, seulement, combien de fois est-il honnête et totalement impliqué dans ces moments, sans penser à d'autres sujets ou à d'autres situations?

Celui qui a la prétention d'entendre à maintes fois des mots d'amour et d'appréciation dans le but de valider sa propre signification et son éternelle relation avec son partenaire, se trompe, parce que l'amour est infiniment au-delà de tout ce que les mots peuvent exprimer.

Il est inutile de dire à quelqu'un *Je t'aime!* du matin au soir, juste parce que vous savez que c'est ce qu'il veut entendre de vous, si votre affirmation est fade et vous ne *sentez* pas réellement la grandeur des mots que vous utilisez.

Il est inutile de dire à quelqu'un ce qu'il veut entendre s'il se sent enveloppé d'insécurité et ne s'aime pas assez pour se voir et s'accepter exactement comme il est. De la même façon, vous pouvez regarder un homme et sentir l'amour dans son regard, son sourire et son toucher, imprégner tout votre être.

Sur la base uniquement de ce que vous entendez et voyez, vous manquez une multitude de subtilités, étant donné que certains actes ou affirmations peuvent être faites, juste pour le plaisir ou par intérêt.

Les sentiments peuvent difficilement être démontrés

de manière à correspondre à une quelconque logique, croyances ou aux automatismes, et doivent être ressentis au-delà des mots et des apparences. Souvent, les apparences sont trompeuses, en réalité ce que vous voyez peut être tout à fait différent des conclusions que vous tireriez.

Vous pouvez choisir de ne croire que ce que vous voyez, mais cela implique de devenir rigide et de commettre souvent des erreurs, car ce critère n'est pas le seul en fonction duquel vous pouvez vous rapporter à la vie.

En vous précipitant pour tirer des conclusions à travers le prisme des préjugés que vous avez, vous allez vous retrouver en état de faire des choix inappropriés, de rejeter des gens qui pourraient apporter une valeur ajoutée à votre vie, ou de se rapprocher de personnes qui pourraient détruire ce que vous avez construit avec beaucoup d'efforts.

Supposons que vous voyez dans un bus un homme, abattu, renfrogné et apathique, que vous étiquetteriez d'homme sans aucun intérêt, alors que cet homme, d'habitude, est joyeux et plein d'énergie, seulement ce jour-là, il souffrait, car il était peiné.

Il est naturel de percevoir de façon de plus en plus consciente les expériences que vous vivez à travers tous les sens et de ne pas concentrer votre attention uniquement sur quelques-uns d'entre eux.

Un autre exemple est celui où, vous rencontreriez quelqu'un et, au lieu d'écouter votre intuition dès le début, qui vous dit qu'il n'est pas digne de confiance, vous vous laisseriez emporter par les apparences, de ce que vous voyez, du masque que cette personne choisit de mettre pour vous. Au début, *vous lisiez* au niveau subtil, l'énergie et le visage de la personne concernée, vous étiez au-delà de beaucoup de vos perceptions et attentes, et vous avez *senti* ce qu'il était vraiment. Après, en fonction des intérêts qu'il espérait pouvoir réaliser à travers vous, il a réinitialisé ses fréquences et a choisi de jouer le rôle, par lequel vous transmettre le fait qu'il est digne de confiance, et a un caractère agréable. Autrement dit, vous étiez déterminé à croire ce qu'on vous a montré pendant quelques minutes, et à omettre vos intuitions des premières secondes. Bien entendu, plus tard, vous arriveriez à la conclusion initiale, mais il serait préférable à ne pas vivre de mauvaises expériences quand vous pourriez les éviter.

Quand vous ne voyez que ce que vous croyez…

Les gens de la catégorie de ceux qui choisissent de croire principalement ce qu'ils voient se créent différents conditionnements. Ils ont la conviction que ce qu'ils croient leur appartient totalement alors que, une grande partie des croyances qu'ils ont, appartient à ceux qu'ils ont côtoyé tout au long de leur vie, avec qui ils se sont identifiés et avec lesquels, ils ont résonné.

Seule une partie des croyances leur appartient, celles-ci étant construites sur les modèles qu'ils ont choisi de façonner, avec une dose considérable de subjectivisme. Cela les amène souvent à se mentir, à s'imaginer des scénarios fictifs et à résister à l'accès aux différentes vérités existantes. Tant qu'ils ne vivent pas ancrés dans la réalité et qu'ils ne comprennent pas les aspects qui sont aussi simples et palpables que possible, comment puissent-ils comprendre plus?

Chaque société a ses propres ensembles de croyances et sa propre définition de ce que signifie être rationnel. Si vous réfléchissiez à cette vérité, vous comprendriez que tant que vous vous conformez à des critères qui ne vous aident pas à être en harmonie avec votre essence divine, c'est comme choisir toute une vie de se livrer à une réalité qui exprime trop peu de vérités.

Le système éducatif est façonné d'une manière unique par chaque pays. Il se trouve que certains systèmes ont tendance à normaliser les enfants selon des modèles désuets qui ne leur sont pas exactement bénéfiques. Ainsi, les enfants sont progressivement diminués par l'éclat et le génie avec lesquels ils viennent dans ce monde, parce qu'ils sont obligés d'une manière apparemment civilisée et bien intentionnée à se conformer à des exigences jugées particulièrement importantes.

Comment préparer un enfant à la vie si vous le conditionnez parfois à être médiocre et que, parfois, l'applicabilité de l'information qu'il apprend est réduite?

Idéalement, tout système d'éducation encouragerait la créativité, les talents et les compétences de chaque enfant. Au sein de toute société, il est essentiel de promouvoir la formation *d'esprits nouveaux* qui doit:

- ✓ Être en constante expansion;
- ✓ Réfléchir aux épreuves auxquelles ils sont confrontés et aux vérités existentielles;
- ✓ Prêter attention aux détails et aux subtilités;
- ✓ Être inventifs et originaux;
- ✓ S'exprimer librement, sans craindre l'opinion des autres;
- ✓ Chérir et suivre son intuition;
- ✓ Donner cour à la création par les sentiments;
- ✓ Découvrir sa vocation et exceller dans le domaine avec lequel il résonne le mieux, etc…

En étant absorbé par ce qu'on vous dit de faire et en apprenant mécaniquement, vos horizons se rétrécissent et vous resterez d'un jour à l'autre avec de moins en moins de temps libre pour vous. Ainsi, vous ne pouvez plus faire passer par le filtre de la vie pure, les informations et les expériences que vous maitrisez ou de vous poser des questions sur leur véracité. Il se trouve souvent que vous n'obtenez pas de réponses aux questions que vous posez à ceux qui sont vos *enseignants*, de sorte qu'à un moment donné, vous finissez par vous sentir de plus en plus découragé et indécis quant au choix des sources afin d'accéder à la vérité.

En continuant à croire ce que certains vous disent et qui, à leur tour, se sont informés en grande partie des autres, comment pouvez-vous avoir la certitude que l'ensemble de vos croyances expriment des vérités dignes d'être considérées? Comment pouvez-vous savoir que ces soi-disant vérités ne sont pas, en fait, fabriquées?

En choisissant de voir ce que vous étiez déterminé à croire, vous pouvez vous retrouver dans la situation de construire une multitude d'expériences fausses. Par exemple, si les stratégies de marketing de certains, vous font penser, que pour être beau vous devez suivre les conseils qu'ils vous recommandent, vous finirez par le faire, sinon, vous vous sentiriez laid, mécontent et insatisfait de soi-même.

La vie est comme un flux, la maturité étant une expression de l'enfance, et la vieillesse étant l'expression de tout ce que vous avez créé et attiré tout au long de votre incarnation.

La plupart des souffrances vécues par l'adulte sont enracinées dans la période de l'enfance, quand il a pris ou formé ses repères en fonction desquels il construit sa vie.

Du moment qu'on vous dit à plusieurs reprises que vous êtes intelligent, vous arriveriez à croire en ces mots si forts, qu'à chaque jour qui passe, vous vous verriez plus intelligent et vous matérialiseriez cet attribut plus profondément.

En entendant toute votre vie que vous êtes un homme simple impuissant et pécheur qui ne sait pas grand-chose, vous arriveriez à croire cette perspective et à vous sentir, à vous former et à vous percevoir ainsi.

Ceci dit, beaucoup choisissent donc de percevoir leur esprit comme limité par le simple fait qu'on leur a appris à le voir de cette façon, à construire continuellement une multitude d'obstacles, de le diminuer et de le façonner de façon discordante au prix de leur bonheur, juste pour correspondre aux normes de la société dans laquelle ils se trouvent. Par conséquent, ils ne parviennent pas à englober une trop grande partie de la connaissance infinie, comme aucun verre ne peut englober tout le volume d'eau d'une piscine.

Ceux qui ressentent et comprennent qu'il existe des perspectives infinies au-delà de ce qu'ils n'ont jamais vu et vécu dans cette incarnation, et concentrent leur attention et leur énergie pour être plus conscients du bonheur de ce *moment* éternel, s'enrichisseraient en connaissances et manifesteraient de plus en plus de leur potentiel créateur.

Même si certaines personnes ne comprennent pas comment fonctionne l'Univers, celui-ci existera toujours!

LA SYNCHRONICITÉ DES ÉVÉNEMENTS

Ceux qui cherchent une réponse à la question, *Quel est mon but dans cette incarnation?* Mettent l'accent sur le *moi* d'une manière limitative et égoïste et omettent la vérité selon laquelle la Création est au-delà de tout but.

Bien que vous ayez l'habitude d'attribuer un but à toute action que vous entreprenez, l'existence n'a rien à voir avec le but, mais avec la pure manifestation de chacun de nous, à savoir de chaque *particule de vie* qui nous compose.

Il n'y a pas d'accidents ou de coïncidences, mais il y a des synchronicités qui sont attirées et créées en fonction de ce que vous choisissez d'exprimer.

Chaque personne que vous rencontrerez et chaque expérience que vous aurez serait un écho, une réponse aux ondes d'énergie que vous émettez vers l'infini.

La nature ne fixe pas des objectifs autour desquels orbiter, seulement, l'homme a la perception que tout doit exister pour une raison particulière et attribue à la nature des objectifs qu'il croit, dans de nombreux cas, destinés à le servir.

L'abeille ne vit pas dans le but de polliniser les fleurs ou de faire du miel. L'acte de pollinisation et de création du miel se produit simplement au moment où les abeilles se nourrissent et exercent leurs activités.

Les êtres végétaux ne vivent pas dans le but de produire l'oxygène nécessaire à la survie des formes de vie appartenant au règne animal, tout comme ces derniers ne vivent pas non plus, pour produire le dioxyde de carbone nécessaire à la vie des deux.

Nous tous, nous vibrons dans ce *continuum* sans limites, nous nous attirons et nous nous rejetons en fonction de la façon dont nous résonnons, nous nous donnons les uns les autres et nous offrons des expériences de plus en plus vastes et complexes. Il appartient à chacun de nous de savoir comment il choisirait de se rapporter à ce qui lui arrive.

Dire que vous existez dans le but de faire quelque chose de spécifique, implique à vous minimiser comme potentiel, et de là, à vous réduire à la taille de votre but. Il y a une grande différence entre affirmer que vous existez avec un but, et établir les expériences que vous voulez matérialiser en accord avec vos choix. Les objectifs que vous souhaitez atteindre peuvent conduire à la fois, à votre croissance et à votre diminution et à ceux qui vous entourent, selon la direction que vous choisissez de leur donner.

Selon une perspective plus profonde, au lieu de vivre votre vie cherchant à atteindre des objectifs, vous feriez mieux de mettre votre intention sur ces expériences qui vous aideront à vous élever infiniment au-delà de ce que vous croyez. Ayant moins d'identifications et de tensions, votre pouvoir créatif et matérialisant, s'intensifie. Une telle approche, élargirait vos horizons et vous aiderait à exploiter au mieux votre potentiel.

Étant donné que l'essence de chaque forme de vie est au-delà des objectifs, quiconque vous dirait qu'il vous révèlera ou vous aidera à découvrir quel est le but pour lequel vous existez, ne ferait que vous mener encore plus vers la dérive.

En règle générale, les objectifs que fixe l'individu impliquent une finalité, seulement, ceci ne représente pas les caractéristiques de votre essence ni l'énergie d'une façon général. Les voies mêmes par lesquelles on suppose que l'on peut atteindre les objectifs, engendrent le plus souvent une multitude de tensions, de regrets, de frustrations et de complexes, car, on part du principe qu'elles doivent nécessairement être réalisées.

Étant donné que l'existence est sans début et sans fin, de quelle finalité pourrait-il s'agir dans le cas d'un quelconque but? Aussi bon que vous créez une chose, vous serez toujours en mesure de dire que vous pouvez faire encore mieux.

Tout ce que vous voulez réaliser a une infinité de niveaux sous lesquels ils peuvent se présenter, et tout ce qui vous arrive, coule toujours les uns des autres, même si vous avez pris l'habitude de les regarder séparément et oublier ou négliger les moments que vous n'avez pas vraiment vécu consciemment et que vous avez considérés n'ayant aucune importance.

Ceux qui comprennent cet aspect se réinventent et se réorientent professionnellement, de sorte qu'ils estiment que, ce qu'ils font est compatible avec la façon dont ils peuvent apporter plus de valeur à ceux qui les entourent. En outre, étant flexibles et préoccupés par le sens qu'ils donnent à leur propre vie, à chaque fois qu'ils se rendent compte qu'ils ne résonnent plus avec ce qu'ils ont choisi autrefois, ils évoluent dans les directions vers lesquelles il serait bénéfique de s'y acheminer. Quel est le sens de vous entêter à faire la même chose toute votre vie si ce n'est de se maintenir dans votre zone de confort et vous priver de beaucoup d'autres opportunités.

Transformer n'importe quelle expérience en un seul but, vous mènerait à vous auto conditionner et d'omettre le fait que l'immensité des expériences que *la vie* vous offre est infinie et que, vous avez la possibilité de vous améliorer sur une multitude de plans.

À certains égards, vous pourrez dire que les objectifs vous aident à évoluer et que leur réalisation vous apporte un certain épanouissement, mais ils vous maintiennent dans une situation où, métaphoriquement parlant, vous voyez l'existence à travers le trou d'une serrure. Par exemple, ils y'a des gens qui ne veulent exceller que dans une seule direction, ce qui les amène à consacrer toute leur vie à se former et à se perfectionner dans ce domaine. Ils ne voient rien d'autre que les cours, les diplômes, les spécialisations, etc… et ils apprennent continuellement, faisant de leur métier le but de leur vie. Bien entendu, le but qu'ils se sont fixé les pousse à exceller dans ce qu'ils font, mais, ils se privent d'une multitude d'autres joies et expériences qui peuvent être beaucoup plus épanouissantes que ce qu'ils choisissent de faire dans leur vie quotidienne. Vers la fin de leur incarnation, quand ils traceraient une ligne et mettraient en balance la plupart des moments de leur vie, ils constateront qu'ils étaient toujours entrains de courir derrière le succès alors que leur ego n'a jamais était pleinement satisfait.

La vie ne se mesure pas seulement au nombre de réalisations professionnelles, mais aussi en intensité de l'éclat que vous avez pu manifester et donner à la Création. C'est la richesse intérieure qui vous rend vraiment brillant.

Il n'est pas mal d'exceller dans quelque chose en particulier, mais il est anormal que votre vie ne tournerait qu'autour d'un petit nombre d'activités. Souhaitant être meilleur que sur quelques aspects, vous négligeriez le développement des autres. Pourquoi ne pas concentrer votre énergie et votre attention sur votre ascension sur plusieurs plans?

Ne pas comprendre que les objectifs ne sont en aucune façon bénéfiques, car ils ont eux aussi, une dimension positive. Nous avons la possibilité de donner un meilleur sens à nos vies en fixant même des objectifs différents qui sont le reflet de notre conscience, de notre joie et de notre beauté intérieure et extérieure, ainsi que, de tout ce qui nous rend épanouis.

C'est merveilleux de vouloir rêver et d'imaginer ce que vous voulez accomplir, car tout cela fait partie du processus créatif, seulement, il est très important de voir comment vous vous y rapportez. Par exemple, avec le désir du confort et l'adoption d'un mode de vie sans problèmes, les gens continuent d'inventer et de faire d'innombrables découvertes qui peuvent finir par dépasser le projet initial.

Une fois que vous pensez avoir atteint dans un degré majeur un certain but, il ne vous resterait plus qu'à vous en fixer un autre, étant donné que pour atteindre un seul objectif, vous devez accomplir plusieurs. A force de mener votre vie en fonction de vos objectifs, vous finirez par croire que c'est anormal que votre essence soit au-delà de ces objectifs.

La dimension énergétique de chaque but est l'expression de la dimension de la conscience de celui qui l'a décrit, mais il existe aussi des situations dans lesquelles l'individu choisit des objectifs qui ne résonnent pas avec lui, simplement parce que d'autres les lui ont inoculés, par conséquent, ces objectifs ne peuvent être atteints. Dans une telle situation, l'individu justifie son échec par des facteurs et des forces extérieurs, crée et amplifie illusoirement ses idées selon lesquelles, cela doit être à cause de la malchance, de la difficulté et de l'impossibilité.

Comment matérialiser quelque chose pour laquelle vos fréquences ne vibrent pas assez ou pour laquelle vous ayez des doutes?

Vous pouvez avoir dans le monde extérieur ce que vous avez déjà créé en vous-même parce que l'extérieur et l'intérieur ne sont qu'*un*.

Beaucoup se démêlent obstinément à concrétiser des objectifs avec lesquels ils ne sont pas exactement compatibles, et pour cette raison se privent d'une multitude d'accomplissements. Par exemple, le fait que:

- ✓ Une partie des objectifs qu'ils se sont fixés dans le passé ne leur convenait plus à l'heure actuelle, car ils avaient alors une toute autre conscience;
- ✓ Ils ne sont pas à la hauteur des objectifs dont ils rêvent;

- ✓ Ne sont pas préparés au contexte dans lequel les objectifs choisis se matérialiseront, ni aux événements qui les accompagneront;
- ✓ Ont choisi des objectifs qui, au lieu de leur être bénéfiques, leur font plutôt perdre du *temps*;
- ✓ Stagnent aux mêmes fins, se perdent dans les détails et ne prêtent pas suffisamment attention à ce qui est important pour eux;
- ✓ Ne se connaissent pas assez bien pour ressentir le type d'expériences qui leur sont bénéfiques;
- ✓ Oscillent brusquement et de façon chaotique, de sorte qu'ils fixent leurs objectifs à des moments où ils sont, soit très déçus et souffrants, soit très excités;
- ✓ Manquent de confiance et ce qu'ils se sont fixé comme objectif est bien inférieur au potentiel qu'ils ont, bien qu'ils aient la capacité de créer autre chose de beaucoup plus épanouissant;
- ✓ Sont facilement manipulables et désireux de plaire aux autres, de sorte qu'ils s'identifient aux objectifs qui leur sont imprimés ou imposés par ceux qui les entourent, etc…

Beaucoup d'objectifs sont contournés sur la base de modèles limitatifs ou de désirs qui sont confondus avec des nécessités, tandis que les intentions choisies dans la vie pure apportent l'accomplissement de ce qui est vraiment nécessaire pour vous, selon les vibrations que vous créez et émettez à chaque moment.

En vous permettant de couler et d'être *un* avec vos expériences, vous vous rapportez aux désirs d'une manière à ce que vous ne donneriez plus d'importance aux préoccupations dont vous n'auriez aucun moyen de matérialiser.

La principale différence entre le but et l'intention est

que, dans le cas de l'intention, vous vous sentez détaché des résultats que vous avez créés et attirés, car vous comprenez que le bonheur et l'épanouissement sont au-delà des conditionnements. Vos expériences sont l'expression de tout ce que vous ressentez, en aucun cas le facteur principal qui détermine vos sentiments profonds.

Si vous êtes insatisfait de ce que vous attirez dans votre vie, ce ne sont pas vos résultats qui sont le problème, mais la façon dont vous vibrez, car c'est votre niveau de conscience qui vous rend principalement insatisfait ou heureux, et selon, apparaissent après les opportunités. D'une manière générale, comment créer quelque chose de florissante, prospère et satisfaisante si vous-même, vous ne vous sentez pas ainsi?

L'établissement d'un but se fait sur fond d'état de tension et implique le calcul des étapes qui vous mèneraient au résultat imaginé. En échange, la mise en place d'une intention créative se fait dans le contexte d'un état de détente et impliquerait la poursuite de l'intuition et l'attraction spontané de certains choix, des synchronicités et des actions qui vous conduiraient à des niveaux bien au-delà de ce que vous auriez pu façonner par la logique.

Alors que par la fixation des objectifs, vous vous conformeriez à des normes ou à des modèles de société, en mettant et en épanouissant vos intentions, vous développeriez votre intuition et votre pouvoir de matérialisation. Ainsi, vous attireriez selon votre unicité, comme une réflexion de ce que votre être représente.

Dès l'enfance, on vous a appris que l'ensemble des actions et des choix que vous faites doivent servir certaines fins. Par exemple, vous vous inscrivez à une faculté dans le but de pratiquer dans un certain domaine, vous allez au travail tous les jours dans le but de faire de l'argent, vous faites de l'argent dans le but d'obtenir tout ce qui est nécessaire, vous formez un couple dans le but de fonder une famille, vous rassemblez des fortunes dans le but de les leguer à votre progéniture, etc…

Beaucoup de personnes, à l'approche de la fin de leur vie, se tournent vers la religion, souhaitant que leurs erreurs soient pardonnées et soient plus agréables à la divinité. D'autres veulent voir leur progéniture prospère et accomplie, laissant de belles choses derrière elles et créer de beaux souvenirs à côte de leur bien aimé.

En regardant attentivement les objectifs que les gens se fixent, vous pouvez remarquer un modèle commun, que, la plupart des gens construisent leur vie autour de ce qui est *matériel*, qu'ils abordent de toute façon d'une manière limitée. Par exemple, certains de ceux qui accumulent des fortunes dans le but de les transmettre à leur progéniture omettent le fait que l'éducation et le développement des enfants ne dépend pas uniquement de l'argent. En général, la stabilité émotionnelle que vous cultivez en vous-même et que vous arrivez à imprimer à ceux qui vous entourent par la simple présence est également très importante.

Certaines personnes se fixent comme objectif que, à leur vieillesse, elles se concentreraient sur leur *âme*, elles tourneraient leur attention vers ceux qui sont considérés comme divins et passeraient plus de temps avec ceux qu'elles aiment. Elles ont une approche dénotant l'ignorance, car elles négligent le fait que la vieillesse est l'expression de l'ensemble composé de la totalité des expériences qu'elles ont vécues au cours de leur vie. Étant donné qu'à mesure qu'elles vieillissent, elles accumulent une multitude de souffrances et d'échecs, elles deviennent plus rigides et plus dures, ce qui diminue leur qualité de vie. Au vu du fait qu'elles se sont livrées à vivre selon des conditionnements, il va sans dire qu'elles se sont habituées à créer leurs expériences de façon limitée et qu'elles ne se sont pas vu laissées grandir librement.

En même temps, le désir de passer plus de temps avec vos proches et de profiter de leur présence est naturel, cela va de soit sans faire beaucoup de calculs à ce sujet et sans en faire un but. Sinon, dans le cas contraire, c'est comme si, toute une vie, vous cachiez vos sentiments intérieures, que vous n'étiez pas assez affectueux et ouvert à vos proches et que vous avez choisi de mettre d'autres expériences ou intérêts matériels en premier plan.

Une partie de ceux qui se considèrent comme *spirituels* imaginent que le but de leur vie peut être: la rencontre avec sa moitié divine, l'ascension dans la 5ème dimension, se détacher de tout ce qui appartient à la dimension négative, surmonter complètement tous les traumatismes émotionnels, atteindre le niveau suprême d'illumination, exprimer certains dons spirituels, etc. En réalité, toutes ces fins sont construites sur des idées qui ont tendance à omettre une multitude d'autres vérités. Ils se fixent différents niveaux de référence à atteindre qui sont souvent soit chimériques soit inférieurs aux niveaux qu'ils auraient pu naturellement exprimer.

Considérer que le but de votre incarnation est l'ascension sur tous les plans, ne reflète pas entièrement la réalité. C'est essentiellement à l'énergie d'osciller, de croître et de diminuer en éclat dans les différents aspects de votre vie.

Certaines personnes prennent comme but dans la vie la démonstration de leurs valeurs personnelles. Une grande partie de ceux qui se concentrent sur les questions qui relèvent de l'ordre matériel et tentent de démontrer leur valeur personnelle par des actions et des réalisations, ne se sentent pas en fait assez valorisés et aimés pour ce qu'ils sont. Ce n'est pas parce que les autres ne voient pas votre véritable valeur que vous devez vous transformer en une version qui satisfait leurs attentes et qui soit compatible avec elles, pour qu'elle soit validée. En même temps, pour que ceux qui vous entourent reconnaissent votre valeur, il est nécessaire de pouvoir la comprendre et la contenir, au-delà des limites de l'ego.

Par exemple, les génies ne sont pas reconnus par des gens superficiels, ignorants, envieux ou mal intentionnés, qui manifestent sur eux-mêmes un faux sentiment de supériorité.

Fixer un objectif selon lequel vous voulez matérialiser ce que vous voyez chez les autres, suppose que vous vous compariez et ne pas tenir compte de votre unicité, avec laquelle vous obtiendrez ce qui résonne réellement avec vous.

Il y a aussi des personnes qui pensent qu'elles sont si spéciales qu'elles croient que leur vie doit nécessairement avoir un but qu'aucune autre personne ne possèderait. La mentalité qu'ils ont, leur fait donner une ampleur encore plus grande croyant connaître la raison du pourquoi elles sont nées, en conséquence, elles ont tendance à s'opposer à la vérité que chaque être vivant est unique et spécial.

LE POUVOIR DE CRÉER

Étant donné que les éléments de chaque paire de polarités sont complémentaires, on peut dire que les processus de création impliquent également la destruction à différents degrés. Pratiquement tout ce qui existe fonctionne selon les cycles de création et de destruction, qui ne sont pas séparés, et qui se trouvent dans une fusion et un flux continus de l'un à l'autre. Nous voyons partout cette réalité, y compris en ce qui concerne le fonctionnement de notre corps.

Chacun de nous peut choisir de quel côté faire pencher la balance en ce qui le concerne, qu'il s'agisse d'être principalement créateur ou au contraire, principalement destructeur.

Pour pouvoir se nourrir et créer, le corps détruit d'autres formes de manifestation de l'énergie. Ne pas comprendre le verbe *détruire* au sens propre du mot c.à.d. dans le sens d'une action qui fait disparaître la chose, mais celle qui conduit à la désintégration et à la division du sujet de référence en une multitude de particules qui sont ensuite soumises à des processus d'étalonnage et de transformation, conduisant à la formation de nouvelles formes de vie.

Même lorsque vous mangez une graine, vous *détruisez* cette graine, parce qu'au moment où elle germait, elle aurait donné naissance à de nouvelles vies végétales, qui, à leurs tour, aurait créés d'autres formes de vie. Ainsi, l'énergie de la graine continue de s'exprimer et d'expérimenter à travers vous pendant un certain temps, devenant une partie de votre corps. Entre-autre, les nutriments qu'elle contient contribuent à soutenir et à créer d'autres éléments qui vous composent.

Indépendamment de ce que vous choisissez comme source de nourriture physique, vous produisez une destruction. Tout est énergie. L'énergie est la vie, donc vous ne pouvez pas dire qu'une certaine forme de vie est au-dessus d'une autre.

Il est important que chaque action que vous faites,

peu importe ce qu'elle implique, doit se faire en connaissance de cause, de l'assumer et l'acceptiez comme faisant partie de votre réalité et que vous manifestiez la gratitude et l'amour envers *la vie* avec laquelle vous en devenez *un* par l'acte de manger, afin que vous puissiez vivre en harmonie et en paix avec vous-même.

Il est également naturel que vos actions découlent d'un état de compassion et de compréhension afin que vous ne consommiez pas plus que vous n'en aviez besoin et que vous n'interveniez pas dans le processus créatif d'autres êtres d'une manière égoïste et avide. Par exemple, supposons que vous vous promeniez dans une forêt et que vous auriez soudainement envie de cueillir une quantité importante de glands, sans un motif bien définie. Dans cette situation, vous omettez le fait que les glands ne vous sont pas vraiment nécessaires, car, de toute façon, à un moment donné, il est très probable que vous les jetteriez. Par conséquent, ces glands *seront gaspillés*, car ils auraient créé de nouveaux arbres ou servi d'aliments aux animaux de la forêt. Tout comme votre être se réjouit quand il se délecte avec la nourriture dont il a besoin, d'autres êtres se réjouissent aussi.

Les actions destructrices que vous entreprenez envers les autres, mais aussi envers l'environnement, se projettent aussi en vous. En d'autres termes, vous vous détruisez dans la même mesure que vous contribuez à détruire les autres.

L'Univers fonctionne selon la loi de l'équilibre et de la loi de cause à effet. Ceux qui sont lésés, en raison de la façon destructrice dont vous vous êtes rapporté à eux, tirent au bon moment les expériences qui équilibrent la balance de leur vie. Prenons l'exemple d'un homme qui a été escroqué d'une somme considérable d'argent, avec cet acte on lui a brisé une partie des rêves qu'il voulait réaliser. Sur le plan subtil, son énergie tend à rétablir l'équilibre et à tirer une série de synchronicités pour prospérer à nouveau, seulement, pour cela, il faut qu'il soit flexible et qu'il se sente digne de soi et arriver à posséder plus. Au début, il peut attirer spécialement des événements et des réalisations qui participent à l'amélioration de ses expériences. Donc, s'il se remettait aux évènements qui lui sont arrivé ce jour-là, il pourrait penser qu'il ne parviendrait jamais à récupérer cet argent, mais c'est en fait dans son intérieur que commencent à germer les idées nécessaires qui lui permettraient de retrouver sa prospérité.

Parfois, même le simple fait de croire que vous devez obtenir exactement combien vous avez perdu et seulement de la personne qui vous a fait du mal, peut représenter une forme de limitation, car il est possible que vous obtiendriez plus que vous aviez perdu mais sous diverses autres formes.

Si vous rester fâché ou en colère à cause d'un événement récent, il devient probable que vous deviendriez très susceptible de faire des choix et d'entreprendre des actions qui auront une teinte destructrice. À partir d'un état de faible vibration, il est difficile de créer quelque chose de merveilleux ou de canaliser votre énergie pour devenir prédominant créateur. Pratiquement, dans la mesure où vous vous permettez de briller, vous parviendrez à matérialiser ce que vous vous proposez et à exprimer l'abondance.

Aussi désagréable que cela puisse paraître, l'acte de destruction fait partie de la vie de chacun de nous. Toutefois, l'expérience de notre incarnation aboutit à la destruction de notre corps, au sens de la scission et du retour à la nature des éléments composants.

Nous nous créons à travers le prisme de la façon dont nos parents se donnaient les uns les autres, nous naissons, nous donnons la vie à différents degrés et en différentes façons, on nous offre la vie pendant chaque moment, puis après, nous nous désintégrons afin que nous puissions offrir des formes de vie tout à fait infinies, qui, à leur tour, créeront et donneront naissance à la vie. Nous parlons donc d'un circuit continu de la vie, qui se produira toujours, et ce circuit ne pourrait exister sans l'étape de la désintégration.

Au niveau de votre corps, de nouvelles cellules sont constamment créées, dont les fonctions et les propriétés peuvent évoluer, dans la mesure où vous concentreriez votre attention, vos choix et vos actions pour croître sur tous les plans possible. Votre organisme comprend des lignées cellulaires qui sont responsables du maintien de l'équilibre et qui contribuent à détruire les micro-organismes nocifs et toutes les cellules dégradées.

Si vous vous comportez de façon chaotique dans la vie quotidienne, que vous ne vous soucieriez pas des personnes qui vous entourent, vous utiliseriez sans le savoir ce, dont vous penseriez avoir besoin et qu'il n'est là que pour vous, vous prendriez des décisions fausses et égoïstes sur la vie des autres, croyant que tout vous est dû, alors, même vos cellules se comporteraient de la même façon. Par conséquent, vos cellules s'utiliseraient les unes les autres de manière chaotique et saboteraient réciproquement leurs propriétés, leurs fonctions et leur évolution sans pouvoir atteindre un niveau plus élevé de floraison. En revanche, si vous avez une contribution constructive à la création d'autres corps de vies et que vous les aideriez d'une façon désintéresse à jouir de la vie et à l'existence, vous vous aideriez et vous vous réjouissiez en même temps, aussi. Il est bénéfique de faire attention à l'apport que vous apportez à l'évolution de ceux qui vous entourent.

Le message de vos mots a le potentiel d'allumer

ou d'éteindre quelque chose dans l'intérieur de l'*être* de celui à qui vous vous adressez. Vous pouvez ensemencer à travers vos mots des *graines* qui, au moment opportun, fleuriront et porteront des fruits importants, ou jeter des flèches, dont les effets destructeurs seront progressivement observés.

Lorsque vous voulez créer quelque chose d'exceptionnel, il est essentiel de s'entourer de personnes avec lesquelles vous êtes compatible et dont le pouvoir créatif s'apparente au vôtre.

Te sentant précieux, il va de soi que ce que vous faites porterait votre empreinte. Tant que vous avez quelque chose de précieux à offrir, les gens avec de grandes aspirations seront attirés par vous, parce que, d'une manière subtile, vous leur donnez de la lumière intérieure par votre simple présence. Par contre, sous-estimer votre pouvoir créatif et se sentir doux et faible, vous attireriez une multitude de personnes, à côte de qui vous ne pouvez pas créer quelque chose de grandiose.

Vous contribuez à la croissance ou à la diminution de ceux auxquels vous vous rapportez même par les pensées, les émotions, les désirs ou les intentions que vous avez à leur égard. Même la façon dont vous regardez ou touchez une personne peut être plus ou moins créatrice.

Dans la mesure où vous exprimerez plus de votre pouvoir créatif, votre corps reflètera plus de santé. Votre santé ne dépend pas strictement de vous, mais aussi de l'environnement dans lequel vous vous trouvez, ainsi que des gens qui vous entourent.

Être plein de vitalité, en bonne santé et heureux est un *devoir* moral envers tout le monde qui vous entourent, y compris envers ceux que vous aimez.

Si vous tomberiez gravement malade à cause des

souffrances que vous avez choisi d'accumuler, qui doit s'occuper de vous? Les membres de votre famille? Vos amis? D'une certaine manière, oui, par contre, par votre façon égoïste, vous omettriez le fait que vous les accablez et ainsi contribueriez de certaines façons à leur destruction. Peut-être envisageaient ils de passer leur temps d'une autre manière plus agréable, ou se dirige-raient-ils vers des directions qui les mèneraient vers leur accomplissement, ou même, resteraient détendus et insouciants, seulement, dans une telle situation, ils devraient rester auprès de vous, prendre soin de vous et accomplir les activités que vous ne pourriez plus faire par vous-même. Avec le temps, ils renonceraient à beaucoup de leurs joies, se stresseraient, s'inquiète-raient, et leur corps se détériorerait.

Pourquoi compromettre le bonheur des autres si, vous êtes le principal responsable de la façon dont vous menez votre vie et cueillez, métaphoriquement parlant, ce que vous avez semé?

Il va sans dire que celui qui est très malade fait aussi du mal aux autres par sa simple présence, mais aussi par le trouble qu'il transmet par son regard et ses pensées, par la dynamique des processus vitaux qui impriment un malaise, par les sons créés par chaque organe affecté qui transmettent le chaos, par la douleur et la souffrance, etc. Toutes ces ondes d'énergie qu'une personne malade émet ne s'arrêtent pas à ceux qui se trouvent à proximité, mais se dispersent à l'infini.

Par conséquent, lorsque vous êtes malade, vous transmettriez plus ou moins visiblement votre maladie à ceux qui vous entourent. Imaginez que votre état de santé à l'image d'une pluie douce qui nourrit et ré-conforte toutes les choses avec lesquelles elle rentre en contact, ou, par de la grêle qui cause beaucoup de destruction dans son sillage.

Une personne consciente choisit par amour, par compassion et par compréhension d'être en bonne santé, non seulement pour elle-même ou pour ses proches, mais aussi pour les autres formes de vie existantes, car elle comprend qu'il est *un* avec eux aussi, d'autant plus que *micro* se projetterait en *macro* et vice versa.

Bien sûr que, l'acte de destruction a aussi son importance et sa beauté *cachée*. Souvent, il peut arriver que suite à la destruction de quelque chose de beau une autre chose plus épanouissante soit créé. Par exemple:

- ✓ Les muscles se fortifient à la suite d'un effort physique intense, par la régénération et la guérison des ruptures microscopiques des fibres musculaires;
- ✓ Mettre fin à des relations toxiques, peut vous redonner la clarté nécessaire pour construire des relations qui mèneraient à l'épanouissement des deux parties;
- ✓ La démolition de maisons anciennes ou inhabitables permettrait d'ériger des bâtiments résistants et nouveaux;
- ✓ Ruiner tous les efforts et les sacrifices que vous avez mis pendant de nombreuses années pour devenir *quelqu'un* dans un domaine, peut vous conduire sur une nouvelle voie qui vous permettrait d'aller beaucoup plus loin que vous ne l'auriez pensé.

Par l'effritement de certains attachements, de rêves, d'attentes ou de croyances, l'ancien céderait la place au nouveau, et ce processus se produit partout et depuis toujours. Même si certaines expériences peuvent vous détruire en certaines parties, elles vous renforceraient et vous élèveraient-en d'autres.

Parfois, quelque chose en particulier doit prendre fin

pour qu'une autre meilleure commence, et les *différentes fins* que vous créerez tout au long de votre vie, comme la fin d'une carrière ou d'une relation, sont différentes pour n'importe quelle autre personne. Au-delà de la perspective de la dualité, toute les choses coulent les unes des autres et coulent si bien que, vous ne savez même pas où elles commencent et où elles finissent.

Un exemple où la destruction a un sens est, celui qui consiste, à avoir par exemple un prune dans votre jardin, voir qu'il est si malade et sec, menant une lutte avec les expériences qu'il a eu et qu'il continue d'avoir. Le détruire et le couper, représente la meilleure chose que vous puissiez faire. Ainsi, vous guérissez sa souffrance, vous permettriez aux éléments qui le composent d'expérimenter dans d'autres formes de vie plus vitales et vous feriez place à la plantation d'un jeune arbre, qui a un potentiel croissant.

Un autre exemple serait celui où, vous voyez un ensemble d'arbres qui sont cultivés très près les uns des autres, si vous n'intervenez pas, ils grandissent entassés, suffoquent et se limitent les uns les autres, ils ne se développeraient pas beaucoup, et leur qualité de vie laisserait à désirer. Au lieu de cela, en réduisant leur nombre, ceux qui resteraient auraient suffisamment de lumière et d'espace pour se développer harmonieusement, grandir, et profiter de la vie.

Bien entendu, pour les deux exemples susmentionnés, il est tout aussi significatif que la vérité selon laquelle, il n'est pas toujours nécessaire d'intervenir dans les expériences des autres, seulement, selon les particularités de chaque cas, il est naturel d'induire comment il est préférable de procéder.

La nature a aussi sa propre intelligence. Dans les zones très arides, en raison de leur évolution, une partie des espèces appartenant au règne végétal, ont la capacité de produire des huiles volatiles qui leur rapporteraient l'expérience de l'incarnation au moment où, les conditions environnementales deviendraient hostiles et insupportables. Imaginez que ces *espèces brûlent sous l'action* de la chaleur du soleil, leur environnement de vie n'étant pas exactement amical. Toutefois, même si elles ressentiraient le besoin de profiter d'un peu plus de fraîcheur, d'ombre et d'humidité, elles ne pourraient pas en profiter. À un moment donné, n'étant plus compatibles avec l'environnement de vie, il va sans dire qu'elles vont se désintégrer, et leur façon unique d'effectuer ce processus est celui de l'auto-inflammation. Les forêts qui ont brûlé se régénèrent et donnent à leurs graines les éléments qui les constituaient autrefois, ce qui leur apporterait une fertilité supplémentaire pour faciliter leur germination. C'est comme si de telles forêts renaissaient de leurs propres cendres, semblables à l'oiseau Phoenix.

LE SENTIMENT DE L'UNITÉ

Si quelqu'un vous demandait comment vous vous définiriez après tout, que répondriez-vous? Vous pourriez dire que vous êtes juste le corps pris dans son ensemble et que vous vous perdiez au moment où une goutte de sang coulerait ou quelques poils tomberaient?

Le soi est convaincu que le corps lui appartient sans se rendre compte que, d'une part, celui-ci représente l'une des formes infinies de création par lesquelles *l'énergie de l'Ensemble* est exprimée et, d'autre part, les corps de toutes les vies sont, métaphoriquement parlant, l'expression d'un *corps cosmique* sans limites, étant donné que tout ce qui existe s'interconnecte.

Comment se sentir isolé et étranger à celui d'à côté de vous, tant que les corps des deux sont composés dans des proportions différentes, d'éléments de tous les milieux de vie qui réalisent toujours un circuit continu, auquel, chaque organisme existant participe.

Chacun attire de manière unique les éléments dont il a besoin, en les calibrant selon les informations contenues dans son ADN et dans la matrice d'information des régions géographiques qu'elle transite. Toutes ces informations déterminent à chacun, les besoins, les particularités liées à l'apparence physique (couleur de peau, forme du visage, hauteur, etc.), la manière avec laquelle il décode, du point de vu sensoriel, ce qui l'entoure, etc… mais ne le rendent pas isolé des autres formes de vie.

Imaginez être dans une forêt, alors que la pluie tombe en douceur... Du point de vue de l'individualité, vous devriez singulariser chaque forme de *vie*, soit qu'il s'agisse d'arbre ou de goutte de pluie, mais du point de vue de l'unité, vous verriez tout cela comme interconnecté, constituant un *ensemble* infini. Les deux perspectives sont vraies en même temps, donc en omettant l'une ou l'autre, votre vision de l'existence est incomplète.

Il est important de prendre conscience que tout ce que vous projetez sur vous-même, vous le projetteriez sur tout ce qui vous entourent, et que le fait que vous le projetez sur eux, vous influence aussi.

Te sentant divisé et séparé de l'énergie de *l'ensemble*, vous percevriez toutes les autres formes de vie comme étant étrangères à vous.

Dans la mesure où vous pensez que vous êtes isolé de ce qui est autour de votre corps, vous vous rapporteriez aux autres formes de vie comme étant également isolées de ce qui les entoure, et donc les influencer avec des ondes d'énergie dont les fréquences pourraient accentuer leur sentiment de solitude. Par exemple, les gens disent très souvent et superficiellement, *Voici un arbre!*, *Voilà un animal!*. Mais ils ne ressentent pas l'énergie des êtres qu'ils regardent, bien au-delà des paroles prononcées.

En considérant un sapin distinct de tout ce qui l'entoure, vous lui transmettriez des ondes d'énergie dont les fréquences pourraient accentuer son sentiment d'isolement, étant donné qu'il est lui aussi un être vivant, qui crée une multitude de sentiments adaptés à la conscience qu'il a. Si vous regarderiez l'arbre du point de vue de l'ensemble, vous contribueriez encore plus intensément à accroître son niveau de conscientisation et l'aideriez à se confondre avec la forêt à laquelle il appartient, avec les gouttes de pluie qui rafraîchissent la nature, avec les éléments du sol, etc...

Les perceptions qui ont tendance à singulariser et à individualiser l'énergie plus *dense* que nous appelons *la matière* sont également attribuées aux autres formes subtiles d'expression de l'énergie et par conséquent, *à l'esprit*. Dans la mesure où vous dépasseriez les perceptions créées par le prisme de *l'identification avec votre ego*, vous ne pourriez plus parler des *corps* et des *esprits* de la manière individuelle, mais de la même *énergie* qui se manifesterait de façon unique à travers tous et toutes.

Se sentir *un* avec tout ce qui existe, implique à se sentir *un*, non seulement avec tout ce qui vous entoure, mais aussi avec chaque particule de vie et chaque élément qui vous compose.

Vous êtes l'énergie créatrice qui donne la vie au corps physique et le crée à chaque moment. Des processus comme la division et la respiration cellulaire ne se produisent pas sans *vous*.

Vous êtes *l'énergie* de chaque atome qui construit votre corps. Vous êtes l'essence pure, vous vous transformez et vous vous exprimez toujours en une infinité de façons, de plans, de dimensions et de formes de vie.

Vous êtes comme un instrument de
musique pour lequel toutes les autres
formes de vie chantent d'une façon
subtile au-delà du toucher.

DE L'ÉNERGIE PARTOUT

Tout ce qui existe est de l'énergie, l'énergie est composée d'innombrables *particules de vie* qui sont parfaitement interconnectées et, dans une communication et une Co-création continue. Chacune d'elles a sa propre brillance, sa propre densité, sa propre configuration géométrique et musicale, et exprime une certaine conscience qui génère de nouvelles vies. Les particules de vie sont également synchrones dans une infinité de *temps* et *d'espaces* correspondant à la dynamique qu'elles ont et aux dimensions énergétiques sur lesquelles elles vibrent.

La création comprend une infinité de dimensions énergétiques, des moins brillantes (que nous appellerons sombres) aux plus brillantes, chacune d'elles est composée d'une multitude de particules de vie qui expriment à des degrés differents les codes créatifs et les informations existantes.

Chaque forme de vie par laquelle l'énergie *de l'ensemble* est exprimée est l'expression de la fusion parfaite de plusieurs dimensions énergétiques, d'où, la multi dimensionnalité de tout ce qui existe.

Le corps se manifeste et se crée à chaque instant en fonction du potentiel créatif exprimé par les particules de vie qui le composent, déterminant ainsi les fonctions et les propriétés de toutes les cellules.

Plus les éléments qui vous composent sont abondants dans l'éclat, plus votre intérêt pour l'idée d'élargir vos horizons de la connaissance augmenterait, vous auriez une intuition plus nette, vous manifesteriez des sentiments beaucoup plus profonds, vous vous concentreriez mieux sur votre croissance, vous seriez en meilleure santé, etc…

Tout comme chaque iris, chaque empreinte digitale ou flocon de neige est unique, il en va de même pour les particules de vie qui sont à la base de la création de tout ce qui existe.

A propos de chaque être vivant, vous pouvez dire une infinité d'informations. Vous pouvez choisir quelques mots qui construisent une définition grossière, superficielle et incomplète du colibri, par exemple, mais cette définition n'aura pas beaucoup de valeur, car il n'y a aucun moyen d'englober la complexité de cet *être*.

La définition standardise et détermine quels sont les éléments communs de nombreux sujets de référence, mais omet l'unicité.

• LA GÉOMÉTRIE DU CORPS HUMAIN

Chaque particule de vie se configure sous la forme d'un modèle géométrique spatial dont la disposition et la symétrie se transforme toujours.

LA SYMÉTRIE, L'EXPRESSION
DE L'ÉQUILIBRE

Nous sommes dans un processus continu de création basé sur des codes de création et d'informations que nous accédons et que nous exprimons.

Tout au long de notre existence, notre physionomie et notre structure physique se modifie pour rendre à l'ensemble des fréquences tout ce que nous créons, qu'il s'agisse de pensées, d'émotions, de choix, de désirs, d'actions ou d'expériences.

Le maintien de l'apparence jeune, ainsi que les processus de création, de régénération et de guérison cellulaire, sont en corrélation directe avec la lueur et la géométrie sacrée de chaque cellule.

Bien entendu que, même les visages les plus symétriques présentent des ressemblances et des asymétries. Étant donné que chaque cellule est unique et a ses propres particularités, vous ne pouvez pas dire que les sourcils ou les yeux qui se trouvent au niveau d'un même visage sont identiques.

Les personnes dont l'énergie oscille de façon chaotique ont tendance à avoir une vie principalement désordonnée et ne reflètent pas l'équilibre et la douceur dans la façon dont ils se rapportent à leurs expériences, de penser, de parler, d'agir, etc. Ainsi, les différences d'une cellule à l'autre augmentent considérablement, à un moment donné leur corps développerait une multitude d'asymétries qui deviendraient visibles.

L'asymétrie prononcée du corps humain peut être une conséquence du fait que les particules de vie de ses deux moitiés (gauche, droite) ne sont pas géométriquement compatibles suite à la dualité et à des conflits internes exprimés. Ainsi, l'organisme présente une multitude de lignes, de sentiers et de modèles énergétiques qui semblent différents dans chaque moitié de celui-ci. Les lignes de la paume gauche sont différentes de celles de la paume droite, tout comme deux moitiés d'une feuille n'ont pas la même disposition de nervure.

Chaque perception que vous choisissez pour s'y ai soumettre au niveau subtil, provoquerait la matérialisation de certains traits au niveau grossier.

Les identifications que vous détenez, les conditionnements appropriés et les choix que vous faites par manque de connaissance, vous empêcheraient de créer un corps beaucoup plus symétrique et harmonieux, comme vous le souhaiteriez.

La géométrie de votre corps est également influencée par l'action de mise en forme des ondes d'énergie que les êtres créent et émettent dans l'environnement où vous vivez, et qu'avec lesquelles vous résonnez. C'est pourquoi il est bénéfique de s'entourer de personnes dont les ondes et les vibrations peuvent aider à préserver ou à élever l'équilibre de la géométrie sacrée de votre corps.

Nos corps se trouvent dans un processus continu de transformation. L'ensemble des émotions et des expériences que nous créons à chaque instant de la vie, s'impriment au niveau de chaque cellule de notre corps.

Prenons l'exemple d'une personne qui rencontre le bon partenaire avec qui elle évolue dans l'amour, le bonheur... Les deux corps se transforment, s'harmonisent, et tout ce qu'ils ressentent rayonnerait par les pores de leur visage. Etant regardé avec amour, vous finiriez par vous aimer profondément et accorderiez plus d'attention à votre être. En plus, étant perçu par votre bien-aimé au-delà des filtres par lesquels vous avez l'habitude de vous percevoir, vous finissez par les mettre de côté à tour de rôle et rester dans votre véritable éclat. Plus sont élevés l'amour et l'attention que vous accorderiez à votre être et à votre bien-aimé, plus vous seriez ensemble plus beaux.

Tout homme est comme une *mandala vivante* qui se transforme en permanence. Ceux qui contemplent le visage d'une personne, sont influencés par les vibrations et les motifs géométriques exprimés par le projet de création de son corps.

Les personnes qui abondent dans les codes créatifs ont une influence positive sur ceux qui les entourent. Sous l'action des ondes d'énergie qu'ils émettent vers l'infini, tout augmente en vitalité et *s'épanouit*. L'impact généré par ces ondes est plus intense à proximité de *la source* qui les produit, et, à mesure qu'elles s'éloignent, elles deviennent moins saisissables. Contrairement à elles, celles qui ont tendance à être destructrices, même pour leur propre vie, impriment également la destruction dans les formes de vie avec lesquelles elles inter-agissent. Par exemple, il existe des personnes qui sont censées porter malchance, et de ce considérant, elles sont rejetées par ceux qui comprennent qu'elles sont influencées négativement par leur simple présence.

Autrement dit, en vous entourant de pauvres, de ma-lades et de souffrants, vous vous calibreriez en différents degrés et moyens à leur configuration énergétique, et par conséquent vous finiriez quelque part par leur res-sembler.

Si vous voulez avoir des cheveux denses, longs, soyeux et forts, il peut vous suffire de contempler purement et avec amour les personnes qui ont de tels che-veux et de vous permettre de vous calibrer à la complexité des codes créatifs qu'ils manifestent. Entre autre, si vous voulez être plus centré, il peut vous être utile tout simplement de contempler plusieurs pierres, de tailles et de formes différentes, placées les uns sur les autres, dans un équilibre parfait. Cet *art des pierres dans l'équilibre* est l'expression de la tranquillité et de la paix intérieures que vit son auteur, mais aussi de l'harmonie que l'on retrouve dans cet environnement.

Regardez aussi souvent que vous le pouvez, les idéaux géométriques que vous voulez atteindre, et vous arriveriez à les matérialiser beaucoup plus rapidement.

Le simple fait d'être en présence d'une personne dont la configuration énergétique exprime amour et épanouissement, vous influencerait avec des fréquences qui faciliteraient votre évolution.

Avoir un corps symétrique et harmonieux ne doit pas être considéré comme une chose rare ou impossible à matérialiser, mais comme une chose parfaitement normale et naturelle.

LA BEAUTÉ DE CHACUN

Le visage de chacun de nous illustre l'histoire de notre vie. Celui qui regarde détaché l'histoire de sa vie et est accepté tel quel, émet moins de jugements de valeur sur l'apparence physique de ceux qui l'entourent. En réalité, cette attitude reflète la façon dont il se rapporte à lui-même.

La beauté n'est qu'un mot auquel beaucoup ont essayé de trouver une définition, mais cette définition est subjective, qui diffère d'une personne à l'autre, d'une zone géographique à l'autre ainsi que d'une période historique à l'autre.

Chaque pays construit ses propres critères et modèles

relatifs à l'apparence du corps pour qu'il soit considéré comme beau et attrayant. Plus l'influence mondiale d'un pays est grande, plus il a son mot à dire à tous les égards, y compris l'émergence et la fin de certaines tendances, ainsi que l'établissement des moyens par lesquels l'idéal de beauté prédéterminé peut être atteint.

Les divergences sur les normes de beauté qui apparaissent d'une année à l'autre peuvent conduire à la diminution de l'amour envers son propre corps et de la confiance dans sa force et dans son intelligence, de l'approche superficielle de *l'énergie* qui se manifesterait en vous, de l'élaboration de comparaisons absurdes qui pourraient alimenter vos frustrations et vos complexes, etc…

Beaucoup de gens ont fait un but en soi d'atteindre la beauté dont elles ont rêvé et ont donc eu recours, à des gestes absurdes dans l'idée de se conformer à des directions dénuées de tout sens. A maintes fois, il se trouve que, vouloir atteindre le but de devenir beau, nous conduirait à troubler le mode de circulation de l'énergie, de la perturbation de la géométrie sacrée et de la déformation physique du corps.

Avec le temps, tout courant est remplacé par un autre. Ceux qui se conformaient autrefois à certains courants, et modéraient leur apparence physique pour satisfaire leurs attentes, peuvent se retrouver mécontents de ne plus s'encadrer dans les nouveaux chablons. Ainsi, ils seront obligés de recourir encore à d'autres changements pour se maintenir dans ce qui est actuel. Cela se répèterait jusqu'au moment où ils commenceraient à s'apprécier et à s'accepter comme ils sont, à voir le beau en eux au-delà des perceptions ou des attentes, à avoir confiance en eux, à se sentir merveilleux et unique et ce, peu importe ce que penseraient les gens autour d'eux.

Par désir d'être validés et acceptés par la société (parce que, sur le plan subtil, ils ne s'acceptent même pas eux-mêmes) et de faire partie d'un groupe, certaines personnes font des compromis et des sacrifices. Étant si vulnérables, ils cherchent l'appréciation de ceux qui les entourent, et s'ils ne sont pas satisfaits de la rétroaction qu'ils reçoivent, ils continueront la série de transformations de leur corps pour maintenir l'intérêt des autres, et donc ils reviendront toujours avec quelque chose de *nouveau*.

Avec le nouveau *look* contre nature qu'ils choisissent d'expérimenter, ils deviendront mentalement et émotionnellement instables, d'autant plus que le visage de chacun dans sa forme naturelle est l'expression de son histoire de vie et du niveau de ses émotions intérieures. Ainsi, de nouvelles souffrances, frustrations et complexes insupportables apparaitront. Tout comme, les émotions intérieures déterminent votre apparence, les aspects physiques, influencent vos pensées et vos émotions.

A ne pas comprendre que l'amélioration de votre aspect est mauvais. Tant que vous assumeriez vos choix et que vous vous sentiriez bien avec vous-même, c'est parfait.

Il existe des personnes qui ne font rien pour augmenter le potentiel de leur beauté et qui ne peuvent tout simplement pas assumer leur apparence naturelle. Il est préférable pour eux d'assumer certains changements plutôt que de se plaindre et d'être insatisfait.

De nos jours, on met beaucoup trop l'accent sur le mensonge et le mécontentement et trop peu sur le naturel, l'intégrité, la chérissement et l'amour de soi. À un moment donné, le mensonge que l'homme associe à l'apparence finit par se projeter dans les relations qu'il a, y compris avec lui-même. Lorsque les gens accordent la priorité à la satisfaction et à la construction d'un ego fort, les relations qu'ils attirent durent très peu et reflètent de la superficialité.

Il existe des personnes dont le corps a un aspect très agréable et que nous trouvons particulièrement beau, qui trouvent encore un défaut et un moyen pour y remédier. Les complexes et les perceptions qui leur sont inoculés les amènent à se sous-apprécier, à être toujours incrédules et toujours dans une grande course pour atteindre la perfection qui, elle-même n'est pas une norme, mais différente d'une personne à l'autre.

La perfection n'est pas absolue, mais a une infinité de niveaux à travers lesquels elle peut s'exprimer, et au fur et à mesure que vous vous accomplissez, votre matière se façonne pour redonner les transformations subtiles qui se produisent.

Chacun est parfait dans son imperfection, et quand vous le sentez et le comprenez, vous vous aimeriez exactement comme vous étiez, vous êtes et vous le seriez.

Si, par l'absurde, on pouvait atteindre la perfection absolue, la finalité ultime, tout s'arrêterait, car rien de nouveau ne se révélerait et ne se reproduirait. Ce serait comme vivre dans un monde monotone où nous nous ennuierions même de notre propre être, ou, pour le dire autrement, la vie n'existerait même plus.

Le nouveau et la fraîcheur ont leur source dans chaqu'une des particules de la vie existantes et, par conséquent, dans chacun de nous. Tant que nous avons un potentiel infini pour nous renouveler, nous avons aussi le désir naturel de créer de nouvelles formes d'énergie de plus en plus parfaites.

Les chefs-d'œuvre que nous admirons et apprécions sont précisément l'expression de ce désir d'être le meilleur. Si leurs auteurs s'étaient contentés d'être bloqués dans un état de médiocrité, alors toute la Création aurait été plus pauvre. Pratiquement, leur pouvoir créatif nous rend tous, à différents degrés et différentes façons, plus riches, suivant les formes de prospérité que nous recherchons et que nous voulons manifester.

Que diriez-vous qu'au lieu de vous considérer comme laid, d'axer votre attention, vos choix et vos intentions pour te créer plus beau?

Quel que soit le niveau de perfection auquel vous vous situez, il est important de vous accepter comme vous êtes. L'acceptation perçue jusqu'à un certain point seulement, peut vous conduire à la complaisance dans votre zone de confort, et le sentiment aussi, que vous seriez dans une bataille acharnée avec vous-même. Tout combat implique l'apparition de dommages, de blessures plus ou moins visibles qui, en plus de ne pas être une expression d'harmonie, n'apportera pas non plus une beauté supplémentaire à votre corps.

Dire que vous vous battez pour évoluer, implique à vous éloigner de la version vers laquelle vous aspiriez et éviter à vous produire une multitude de tensions et de blessures subtiles. À un moment donné, ces dommages énergétiques subtils se matérialisent en diverses lésions cellulaires qui sont d'abord mineures, puis, en raison de leur répétabilité, prendraient la forme de maladies dont la gravité et la persistance seraient directement proportionnelles à l'intensité et à l'ampleur de la densité et du tumulte des émotions que vous continueriez d'émettre.

La véritable acceptation est libératrice, curative, rafraîchissante et loin d'être atroce ou destructrice, tout comme est, la lutte, l'état de résistance et de rigidité.

Au fur et à mesure que vous évoluez, la force de

matérialisation augmente, et la matière se transforme, de sorte qu'elle exprime plus de beauté. Cependant, toutes les belles personnes n'ont pas une conscience globale très élevée. Le niveau de conscientisation de chacun de nous peut merveilleusement créer certaines caractéristiques de la matière, tandis que d'autres peuvent être exprimées d'une façon plus ou moins limitée. Ceci dit, il s'agit de personnes qui n'ont pas un aspect physique agréable, mais qui ont atteint un niveau de connaissance, de compréhension et de sentiment qui leur permet de se rapporter à l'existence avec plus de profondeur et de sagesse.

Chacun de nous choisit tout au long de sa vie, quels seront les aspects à raffiner, en ce qui le concerne personnellement. Certains ont un corps très bien travaillé, flexible et fort, parce qu'ils ont choisi de développer leurs aptitudes physiques, tandis que d'autres ont choisi de concentrer leur attention et leur énergie sur le fait d'être plus créatifs et de travailler leur imagination de manière à créer de véritables chefs-d'œuvre. Les personnes qui font partie de leur cercle d'influence peuvent également contribuer à leurs choix. Par exemple, ceux qui, depuis qu'ils étaient petits, étaient entourés de beauté et entendaient souvent dire qu'ils étaient beaux, en insufflant une forte confiance en eux, se sont créés et ont été créés pour exprimer plus de beauté.

En se sentant beau, vous avez une attitude qui exprime la beauté et donc vous pouvez être perçu par ceux qui vous entourent comme délicieux. Si vous vous sentez fort, vous dégageriez de la force à travers tous vos pores. En d'autres termes, l'attitude que vous auriez envers vous-même est particulièrement importante, d'autant plus qu'elle génère des choix qui auraient le potentiel de vous conduire dans les directions dont vous rêvez.

La beauté apporte un équilibre supplémentaire à la vie de chacun de nous. Si, par l'absurde, nous n'étions pas entourés du beau, nos vies seraient certainement grotesques et atroces. La beauté nous rend plus confiants, nous apporte le sourire et l'éclat dans le regard et nous donne un enthousiasme constructif. L'enthousiasme, cependant, peut aussi avoir une dimension négative dans l'idée où il vous fait perdre votre sens de la réalité.

Pour chacun de nous, la beauté habille certaines formes, les visages, les couleurs, etc… étant subjective et même incontestée à certains égards. Si, hypothétiquement parlant, vous appréciez la beauté du lys, et que quelqu'un d'autre le fait sourire la beauté d'une tuile, cela ne signifie pas que la tuile est inférieure ou supérieure au lis. Les deux fleurs sont spéciales à leur manière.

L'équilibre de chacun de nous peut être amélioré par, le sublime d'une peinture extraordinaire, la chromatique vivante des fruits que nous mangeons, la façon dont un gâteau est décoré, l'élégance d'une robe ou d'un bijou particulier, la lueur d'un ciel clair et animé, la contemplation des visages des amants.

Selon les filtres à travers lesquels vous regardez l'existence, on peut dire de la manière générale que la beauté est rafraîchissante, tandis que la laideur fait pâlir la vie qui est en vous.

Il vous est certainement arrivé de rencontrer des personnes qui, au fil des ans sont devenues charmantes, et d'autres, plus répugnantes, même si, dans leur jeunesse, elles avaient un aspect physique agréable. Cela est dû à la direction ascendante ou descendante suivie durant leur évolution spirituelle et matérielle. Si l'environnement familial dans lequel vous vivez est *fertile* et propice à votre croissance, et que, vous êtes détendu, abstenant, épanoui, heureux, aimant, alors vos cellules s'élèveraient à la hauteur de tout ce que vous vibrez.

Étant souvent fixiste et ayant l'impression que votre corps ne peut pas être plus aspectueux qu'il ne l'est actuellement, vous ne vous permettriez pas de vous valoir à un niveau plus élevé. Alors que, en étant flexible et en choisissant de vous considérer jeune et beau, vos cellules se disposeraient aussi de manière à matérialiser les directions que vous donneriez à votre projet créatif.

Chaque partie microscopique qui vous compose est intemporelle, tout comme votre essence divine. L'âge chronologique, ainsi que les rendez-vous qui lui sont assignés, peuvent vous définir dans la mesure où vous croyez en leurs effets sur votre corps. La jeunesse, et par défaut la vitalité des cellules, s'élève en fonction de la façon dont vous choisissez de vous considérer, de vous sentir et d'extérioriser vos émotions à travers différentes actions et différents choix.

Beaucoup négligent leur apparence physique, trouvant des excuses selon lesquelles: ils n'ont pas le temps de s'occuper de leur corps, de le gâter et de lui donner de l'attention et de l'amour; ils ont déjà un partenaire de vie et n'ont donc plus à faire grand-chose pour capter son attention; il y a d'autres choses plus importantes que son apparence; il se trouve à un âge où l'apparence physique n'a plus autant d'importance. Bien qu'ils soient les principaux responsables de leur apparence physique, ils continuent à se victimiser, persistent à avoir un état d'esprit limité, ne font rien de concret pour gagner mieux leur vie et répètent relativement les mêmes erreurs. Étant donné qu'ils choisissent de se négliger, comment attirer des gens qui leur accorderaient l'attention dont ils ont besoin, alors qu'ils ne se donnent même pas l'attention à eux même? Autrement dit, *vous obtiendrez suivant ce que vous êtes, et, en fonction de ce que vous offrez.*

La façon dont votre corps ressemble, est l'expression de l'attention et de l'amour que vous lui accordez. Si vous voulez exprimer plus de beauté, alors, aimez-vous et chérissez-vous comme vous êtes. Soyez en harmonie et fluide avec la Création, profitez de *la vie* qui s'exprime à travers vous et sentez-vous entier et merveilleux à chaque instant qui passe!

Une fleur n'est pas belle parce qu'elle veut impressionner quelqu'un ou parce qu'elle considère sa beauté comme une cause de joie. Sa beauté est l'expression de la fusion entre son pouvoir créatif et les ondes infinies d'énergie émises par les autres lueurs du Multivers avec lesquelles elle résonne en termes de conscience qu'elle manifeste, étant donné que nous sommes tous *un* et que nous nous créons *les uns les autres*.

Une fois que vous compreniez que la beauté que vous avez n'est pas seulement due à votre mérite, vous ne vous sentiriez plus si fier de votre apparence.

Dans les endroits de la planète où les vibrations sont élevées, la nature regorge de couleurs vives, d'eaux cristallines, de végétation luxuriante. Et les gens qui ont une conscience élevée ont la peau illuminée, les cheveux brillants et soyeux, le corps abondant dans des fluides beaucoup plus purs, etc...

Chaque être est un créateur, qu'il soit conscient ou non de son pouvoir.

En mettant votre intention que les plantes de votre jardin deviennent plus enchantées et plus colorées, vous les détermineriez à manifester davantage leur pouvoir créatif. C'est parce que, au niveau subtil, vous leur auriez transmis certaines ondes d'énergie, des codes créatifs et des informations qui les aideraient dans ce sens.

À chaque instant, vous avez la capacité de contribuer

à la diminution ou à l'accomplissement de la géométrie sacrée de tout ce qui vous entoure.

LES EFFETS DES EMOTIENTS

Le cœur imprime un rythme spécifique à l'ensemble de l'organisme, étant toutefois l'expression du rythme de chaque élément constitutif de votre *être*.

Si, à un moment donné, vos cellules soutiennent majoritairement l'état de colère, alors votre cœur reçoit les fréquences émises par elles, les transmettant à chaque cellule du corps, mais aussi au-delà.

Les cellules qui sont affectées par la souffrance et par la haine, et celles qui génèrent des vies *denses*, ont un champ énergétique plus contracté. Leurs fonctions et leurs propriétés sont compromises, leur évolution ralentie, leur accession et exprimassions aux informations contenues dans les codes créatifs qui auraient soutenu leurs transformations en une version meilleure, seront limités. Dans une telle situation, la densité des éléments du corps augmenterait, de sorte que: le suc gastrique deviendrait plus acide, le pH du sang diminuerait, les larmes seraient plus concentrées en sels, etc…

La configuration même du cœur (ou tout autre organe) et le mode de disposition des cellules qui le forment sont également dus aux particularités géométriques *subtiles* de l'énergie qui le contourne.

Plus vous exprimeriez en générale, plus d'amour, plus votre cœur serait sain, son rythme serait harmonieux, et cela va être reflété sur tout votre corps, qui deviendrait plus vital.

Chaque partie des systèmes qui composent et soutiennent votre corps, est une structure énergétique, au niveau de laquelle chaque cellule sanguine est continuellement calibrée. Ainsi, les cellules sanguines finissent par manifester certaines fonctions et propriétés en fonction des vies et de la densité de chaque élément composant des tissus qu'elles transitent et nourrissent. Ce ne sont pas seulement les cellules sanguines qui se transforment, mais aussi les cellules des tissus avec lesquels elles entrent en contact. Des étalonnages ont lieu des deux côtés, résultant en de nouvelles expériences, conduisant à la manifestation de nouvelles consciences.

La façon dont vous vous regardez, les mots que vous vous adressez et ce que vous pensez de vous-même font fonctionner votre corps selon certains paramètres. Si vous voyez vos mains comme très belles et jeunes, bien sûr, la peau et les autres structures qui les construisent seront nourries de manière optimale. Ainsi, au niveau du même corps, du point de vue de la fraîcheur et de la jeunesse, peuvent exister des divergences entre ses composantes en fonction de l'amour, du chérissement et de l'acceptation que vous exprimeriez envers elles.

En rejetant une certaine partie du corps pour la simple raison que vous n'êtes pas satisfait de son apparence, vous ne faites que perturber les processus créatifs de celle-ci. Par exemple, la peau se nourrit et remplit ses fonctions en corrélation avec la façon dont vous vous rapporteriez à chaque partie du corps. Concrètement, si lorsque vous regardez votre visage dans le miroir, vous vous dites qu'il est laid, pâle et plein de rides ou que, votre teint est sec, la dynamique et la géométrie correspondant aux zones auxquelles vous avez fait référence, seront configurées de manière à se conformer aux nouveaux paramètres. L'un des effets de ces affirmations est que, le sang ne fournit plus la peau du visage en bonne quantité de nutriments, d'eau et d'oxygène pour la garder fraîche et jeune, elle densifie et prend un aspect vieillissant.

Comment vous vous créez plus beau alors que vous exprimez encore la haine et le mécontentement?

En mesure que vous manifesteriez plus de compréhension, d'acceptation, d'amour et de joie envers vous-même, il serait plus facile pour vous de transformer vos défauts en qualités. La haine que vous avez accumulée au cours de votre vie au niveau des tissus peut être alchimisée dans l'amour, et dans quelques moments intenses et purs de conscientisation.

Vous vous êtes peut-être demandé comment accepter à pardonner à tous ceux qui vous ont fait du mal ou comment vous vous accepter lorsque:

- ✓ Dans certaines situations et à certains égards, vous avez mal agi;
- ✓ Vous n'êtes pas aussi beau que vous l'auriez souhaité;
- ✓ Vous n'arrivez pas à réaliser vos rêves;
- ✓ Vous vous complaisez dans des situations qui vous font souffrir;
- ✓ Votre vie est désordonnées;
- ✓ Vous vous entourez de gens qui vous tirent vers le bas;
- ✓ Vous avez rendu votre corps malade;
- ✓ Vous n'avez pas réussi à construire un mariage épanouissant, etc…

D'une certaine façon, il est tout à fait naturel de se blâmer pour tout cela, de se haïr, d'être dur avec soi-même, de se punir ou de s'autocritiquer, mais procédant ainsi, cela ne signifie pas que vous seriez en mesure d'effacer les mauvaises expériences et de continuer comme si de rien n'était.

La réprimande est bénéfique jusqu'à un certain

point, à l'idée de vous mobiliser dans le sens de prendre les décisions qui vous sortiront de la situation dans laquelle vous *êtes* et qui vous élèveront à un niveau supérieur, pour *devenir.*

La meilleure chose que vous puissiez faire est d'accepter qu'à chaque fois que vous auriez mal agi, vous n'auriez eu ni la connaissance et l'expérience nécessaires à une approche complexe des situations auxquelles vous auriez été confronté, ni la connaissance intérieure, celle qui aurait pu vous guider intuitivement, de manière à créer une vie plus belle. Parfois, même ignorer votre propre intuition peut conduire à un certain nombre d'événements insatisfaisants.

Il est important de comprendre et d'accepter vos faiblesses actuelles, sans se perdre dans la lutte contre soi-même. Pensez au fait que les faiblesses sont comme une blessure, à laquelle si vous lui faites encore plus de mal, vous rendez la guérison plus difficile. Toute blessure a besoin de soins, d'amour et d'un environnement revitalisant.

Il peut être facile de tomber dans *le piège de l'acceptation,* dans le sens où, vous vous complairiez encore et encore dans les mêmes faiblesses, au considérant qu'elles seraient naturelles. Le choix même de vouloir s'améliorer, implique deux aspects antithétiques, tout en étant aussi complémentaires. D'une part, vous accepteriez chaque expérience que vous auriez vécue et, d'autre part, vous feriez une sélection consciente des attributs que vous souhaiteriez manifester en particulier. La sélection elle-même implique de rejeter, c'est-à-dire d'éliminer subjectivement quelque chose au détriment d'autre chose, qui va contribuer à votre perfectionnement.

Ne pas comprendre le rejet uniquement au sens négatif. Comme toute autre expérience considérée soit de qualité ou défectueuse, le rejet a deux dimensions, l'une destructrice, qui s'accompagne de souffrance, de tension ou de perte et l'autre constructive, qui découle de la connaissance, du détachement, de la créativité, du bonheur ou de la prospérité. En d'autres termes, le rejet peut être considéré comme un moyen de vous protéger, ce qui implique de vous éloigner à tour de rôle de tous ceux avec lesquels vous ne résonnez plus et qui ne vous définissent plus.

Même si vous faites tout ce que vous pouvez pour surmonter votre condition, vous pouvez avoir des moments quand vous décadriez, vous resteriez coincé dans certains états et vous vous demanderiez *Comment s'aimer dans des moments comme ceux-là?*.

Étant donné qu'il est dans la nature de l'énergie d'osciller, il est naturel que lorsque vous vous élevez, vous vous aimez plus, vous soyez joyeux et vous vous gâtez alors que, quand vous échouez, vous vous blâmez et vous vous punissez pour certaines erreurs. Alors que l'autocritique et le mécontentement de soi, détruisent certains, d'autres les poussent à mieux se créer et à leur donner l'ambition de briller encore plus fort.

Votre être lui-même réagit spontanément en fonction des attachements, des automatismes et des préjugés que vous avez. Ainsi que, dans un contexte particulier, vous pouvez être beaucoup plus sévère envers vous plus que ce qui aurait été nécessaire, ou vous pouvez être beaucoup plus permissif que cela n'aurait été le cas.

Directement proportionnelle à l'exactitude avec laquelle vous percevez les réalités environnantes l'est aussi la manière dont vous réagissez envers vous-même et envers votre prochain, une manière qui est d'ailleurs imprégnée d'une dose considérable de subjectivité. Le subjectivisme est déterminé en grande partie par les directions auxquelles vous choisissez de vous diriger, qui peuvent être prédominantes créatrices ou prédominantes destructrices.

Se rejeter, quand on est destructeur finit par nous mener à croire que c'est naturel, alors qu'habituellement, vous vous concentreriez sur le fait à manifester de plus en plus votre côté créatif.

En revanche, plus vous êtes permissif envers vous-même en ce qui concerne l'entreprise d'actions destructrices, moins vous devriez vous réprimander ou ne pas faire quelque chose de concret pour devenir une meilleure version de vous-même.

Si vous voulez avoir plus de réalisations que ce que vous pouvez faire normalement, il serait possible que les efforts que vous fourniriez vous fassent plus de mal que de bien.

Chaque *instant* est différent, ceci dit, vous ne pouvez pas vous rapporter à vous-même de la même manière, en fonction des oscillations que vous avez. Toutefois, il n'est pas bénéfique de stagner trop, dans la façon dont vous vous souciez de ces oscillations.

Tout comme le simple fait, de ne pas vous aimer autant que vous le méritez se répercute sur tout votre être, la haine que vous ressentez aussi envers les autres peut leur faire du mal. Il n'y a pas à se sentir coupable ou honteux de ne pas aimer tous les gens de la même façon ou de ne pas s'aimer avec la même mesure, indifféremment de ce que vous dites, vous faites, vous ressentez ou vous pensez.

Vivant des moments uniques et étant uniques, il n'y a pas moyen que nous puissions nous rapporter à l'identique de tout le monde. C'est quelque chose de normal d'aimer certains plus que d'autres, en fonction de combien vous résonnez avec eux, de leurs éclats, de ce qu'ils offrent ou méritent... Vous aimez une personne d'une façon et une autre personne d'une autre façon et ainsi de suite. Votre amour n'est pas une norme, vous ne le pouvez pas vivre avec la même profondeur et la même complexité avec chaque personne.

Les façons dont nous nous produisons et nous nous dédions à l'existence sont infinies. Certaines personnes sont faciles à aimer, et les beaux sentiments que vous ressentiriez envers elles apparaissent spontanément et purement, sans aucun effort à cet égard. Essayer de ressentir de l'amour envers ceux qui vous réveillent le rejet et la haine, implique d'être faux et de vous forcer à être ce que vous n'êtes pas, ainsi que, de leur donner ce que vous n'avez pas pour eux. D'une manière générale, il est beaucoup plus précieux de conserver votre sincérité, votre authenticité et votre intégrité, mais il y a aussi des situations où, il est approprié de faire des compromis, étant donné que vous ne vivez pas seulement pour vous-même et que vous êtes *un* avec tout ce qui existe.

Il est essentiel de comprendre que les compromis sont bénéfiques tant qu'ils sont faits pour votre croissance et de ceux qui vous entourent. Un exemple serait celui où les partenaires de couple se contredisent sur un choix. Si aucun d'entre eux ne cède et continue à s'enfoncer dans ces états *denses*, alors toute leur journée, et peut-être même les journées qui suivraient, seraient compromises et resteraient en colère les uns contre les autres. En plus, ils réfléchiraient les uns aux autres avec tristesse et enverraient des énergies négatives, ce qui aurait des conséquences sous différentes formes, au niveau de leur corps. Dans un couple où prévalent des états contradictoires, des querelles, des griefs et des reproches, ne va nullement dans la direction ascendante. Au lieu d'évoluer, leurs corps se dégraderaient progressivement. Alors que, si chacun d'eux sent intuitivement, quand mettre l'orgueil de côté et soutenir consciemment l'autre dans les choix qu'il apprécie, alors ils renforceraient mutuellement leur vie et leur éblouissement, ainsi, il ne serait plus nécessaire de faire des compromis. C'est comme danser ensemble au même rythme et avec une coordination particulière.

Souvent, la façon dont vous vous rapportez aux humains est une réponse à ce qu'ils transmettent à l'Univers. Le fait que vous aimez certains plus que d'autres est dû à l'ouverture et à la profondeur avec laquelle ils expriment leur amour.

Les gens ont parfois de fortes déceptions qui les font tomber moralement et émotionnellement, ils s'enferment en eux et limitent leur amour précisément parce que les attentes qu'ils ont de ceux avec qui ils interagissent sont, soit trop grandes, soit beaucoup trop éloignées de la réalité.

Chaque homme a ses propres perspectives, qui sont souvent définies à travers le prisme des opinions de ceux qui l'entourent. Lorsque vous arriveriez à lire, à sentir mieux les gens et à comprendre que leurs opinions et le comportement de beaucoup d'entre eux sont déformés par des filtres et des programmations, vous renonceriez à mettre autant de prix sur leurs opinions et vous n'auriez plus autant d'attentes irréalistes d'eux.

Plus vous arriveriez à comprendre ce qu'est la connaissance de soi, plus vous donneriez une attention particulière à vos expériences et cesseriez de donner autant d'importance aux opinions de ceux qui ne parviennent toujours pas à se comprendre et qui, par conséquence n'ont pas suffisamment développé leur capacité à comprendre ceux avec qui ils s'entourent.

En accordant trop d'attention aux opinions de ceux qui vous entourent, il est possible que vous ne puissiez plus vous concentrer sur ce que vous ressentez vraiment. Comment voudriez-vous plaire à ceux qui ne sont pas en paix avec eux-mêmes et qui perdent leur temps à contester celle des autres? Si votre opinion de vous-même ne vous satisfait pas, c'est parce qu'illusoirement, vous êtes particulièrement préoccupé par la satisfaction des attentes des autres, alors, il est possible que vous ratiez votre vie. Il n'y a aucun moyen pour rendre les autres comme vous, et partager votre mode de vie, vos sentiments, vos croyances, vos opinions, vos actions, vos choix, etc...

Les attentes ne sont pas nécessairement mauvaises ou bonnes, mais sont, tout simplement, des expériences que nous expérimentons de manières infinies.

LE GAIN DU POIDS

Le corps de chacun de nous est unique, donc, tous les gens ne grossissent pas à cause des mêmes considérations. Par exemple, il y a des gens qui veulent obstinément perdre du poids en faisant des exercices, en suivant un régime ou en faisant la faim et ils n'arrivent toujours pas au résultat tant rêvé. Ils se demandent souvent qu'est ce qu'ils ne font pas correctement ou à quels moyens extérieurs ils devraient encore recourir, mais ils ne savent pas une chose particulièrement importante: le corps se nourrit non seulement d'aliments palpables, mais aussi d'une alimentation subtile, à savoir des formes d'énergie *pensée - émotion*. La façon dont ils se sentent et pensent, a également un impact considérable sur leur apparence physique. Ceux qui ne se sentent pas satisfaits de leur apparence, n'offrent même pas assez d'attention, de dévouement, d'amour et de gratitude à leur corps.

Le gain de poids est influencé par leur identification

avec des membres de la famille ou d'autres personnes qui sont en surpoids. Dans la mesure où vous vous mettez à leur place, vous essayez de les imiter et de les copier, vous auriez peur de ne pas finir comme eux, vous auriez honte d'être en leur présence ou vous penseriez que vous devriez absolument leur ressembler, vous vous calibreriez en différents degrés à leur dimension énergétique, à l'information et aux paramètres de fonctionnement de leur corps.

Si vous aviez été encouragé à grandir et à se développer selon les codes créatifs qui sont *un* avec vous, avant votre naissance, vous auriez eu un cours de vie complètement différent. Prenons l'exemple suivant, imaginons un jardin où une tuile jaune est plantée entre deux roses rouges. Initialement, la tuile manifesterait toutes les propriétés avec lesquelles elle est apparue, mais au fil des ans, elle sera pollinisée par des abeilles et des papillons qui se délecteront avec le pollen des fleurs de roses qui l'entouraient. À un moment donné, suite aux calibrages qui se produisent entre les énergies de ces fleurs, la fragrance de la tuile se transformerait en devenant beaucoup plus douce, semblable à celles des deux roses, et ses pétales jaunes se pigmenteraient avec quelques iris rouges. Même les roses s'alchimiseraient plus ou moins visiblement sous l'action modélisante des ondes d'énergie émises par la tuile. Il en va de même pour chacun de nous, dans le sens que, nous transmettons différentes ondes d'énergie et que nous nous copions les uns les autres de différentes façons pour nous créer diversifiés et complexes.

Un autre facteur qui rend difficile l'atteinte d'un poids corporel optimal est l'attitude de non-acceptation à laquelle nous nous rapportons à notre corps. A chaque fois que vous vous regardez dans le miroir et que vous vous dites: *Quel gros ventre j'ai!*, *Je déteste mon corps*, *Je ne supporte plus d'être gros, Regardez comment mes cuisses sont grandes!, Peu importe combien de sport je fais et quel que soit la diète que je tiens, je reste toujours gros!*, etc… vous amplifiez les tensions dans votre corps, en imprimant encore plus fort les paramètres qui le poussent à se créer comme il vous déplaît. Autrement dit, vous êtes et vous vous créez exactement comme vous vous percevez. Atteindre un poids proche de l'idéal implique non seulement d'avoir une alimentation équilibrée, mais aussi d'être détendu et détaché du résultat que vous avez l'intention de matérialiser. Le simple fait de vouloir à tout prix quelque chose et d'avoir une attitude critique et agressive envers vous-même est un obstacle à votre devenir.

Les perceptions selon lesquelles n'importe quel aliment vous fait grossir déforment le fonctionnement de votre corps. Ayant un tel état d'esprit, même si vous mangez autant qu'une personne qui a le poids idéal, vous aurez du mal à perdre du poids.

Qu'adviendrait-il si, au lieu d'affirmations par lesquelles vous vous auto-sabotez, de transmettre à votre corps: *J'aime chaque cellule qui me compose, Je suis en harmonie avec moi-même et je rayonne de bonheur, Je m'assure des besoins réels de mon organisme, Je me sens très bien dans ma peau* et de faire attention à la façon dont l'énergie de ces mots vibrerait à travers tout votre être.

Si vous avez l'impression que vous avez du mal à faire des changements, et que vous êtes convaincu que vous fluctuez de façon désordonnée en poids, alors vous continuerez à tourner dans la même boucle. En antithèse, si vous vous sentez bien dans votre peau et que vous vous voyez plein de confiance, décidé et bien déterminé, sous une forme physique exceptionnelle, alors, les transformations couleraient harmonieusement et vous ramèneraient à l'état que vous auriez choisi.

Il est essentiel de comprendre que si vous vous décidez de maigrir dans un délai d'un mois, vous conditionneriez votre corps à fonctionner selon des paramètres qui pourraient générer des déséquilibres.

L'énergie de chaque être a sa propre dynamique qui attire, en fonction de la compatibilité, des expériences qui sont, elles aussi, de l'énergie. Il se peut que vous vouliez guider votre vie en fonction des chiffres, alors que ce ne sont pas les chiffres en soient qui attisent des relations, qui produisent de l'argent ou qui font le poids d'un corps normal. Vous êtes le seul qui peut rendre les rêves, réalité.

Il est vain de vouloir atteindre un certain poids si la dynamique des énergies qui composent votre corps, vos pensées, vos émotions, vos choix, vos intentions et vos actions ne résonne pas avec elles. De même, la forme des cellules et du corps est déterminée par la dynamique des énergies subtiles et grossières non seulement des vôtres, mais aussi de l'environnement dans lequel vous vivez.

En établissant que certaines expériences vous arriveraient en fonction des chiffres, vous ignoreriez, vous omettriez ou vous rejetteriez la possibilité de vous synchroniser avec une multitude d'autres expériences épanouissantes.

Vous avez peut-être entrepris de perdre dix kilos en deux mois, mais si vous n'aviez pas programmé cela et si vous aviez fait confiance à votre corps qu'il peut perdre un poids équilibré à son rythme, les résultats auraient pu être beaucoup plus satisfaisants avec moins d'effets indésirables. La peau et la musculature auraient conservé un tonus aspectueux, et vos organes n'auraient pas été soumis à un tel stress qui les amènerait à la situation d'être diminués dans leurs fonctions et leurs propriétés.

Un autre facteur qui peut conduire à la prise de poids est, l'identification à des problèmes des autres, ce qui conduirait à l'accumulation dans votre corps de toutes sortes d'énergies *denses* qui vous feront souvent vous sentir chargé et accablé.

UN PLUS DE FRAÎCHEUR

Vous avez certainement entendu l'expression *sommeil de beauté*. Chaque fois que vous dormez, vous entrez, en fait, dans un état de détentes plus profondes que celui que vous manifestez pendant que vous êtes éveillé, et ainsi, vous parvenez à vous créer de plus beau et de plus harmonieux. De même, il se produit dans les *moments* de méditation ou de *yoga*, lorsque votre être s'imprègne dans les grandes dimensions de son *être*.

Dans la mesure où, vous avez la perception que vous vous épuisez, vous vous stressez, vous souffrez, vous êtes tendu et faites des activités qui vous sollicitent intensément, votre corps augmentera sa densité et diminuera progressivement sa vitalité et son éclat. En plus de cela, les processus de régénération et de guérison cellulaires se dérouleront de manière limitée, et le corps commencera à se détériorer et à prendre un aspect vieillissant et discordant.

Étant de plus en plus conscient mène votre potentiel et vous permettant de grandir sur autant de plans que possible, y compris en termes de relaxation et de paix que vous pouvez éprouver, vous vous sentiriez plus souvent rafraîchi, vous auriez un aspect plus agréable et vous auriez besoin de moins de temps pour vous donner un nouveau *rafraîchissement*. Bien sûr, pour cela, il est nécessaire d'abandonner le dicton selon lequel, toutes les personnes ont besoin d'environ huit heures de sommeil. Chaque organisme est unique, il n'est donc pas approprié de se soumettre à des informations générales menant à la standardisation.

Vous avez probablement remarqué qu'au départ, la plupart des enfants sont beaux, mais au cours de leur croissance et de leur développement, en raison des croyances limitantes qu'ils se sont déterminés à s'octroyer, ils s'éloignent des traits purs qu'ils exprimaient au début.

Peu à peu, ils apprennent à être tendus, à s'aimer de moins en moins et à cacher les sentiments qu'ils créent et sentent le besoin d'extérioriser, les expériences qu'ils veulent s'offrir, les besoins de leur corps, etc... Tout cela se produit car ils remarquent une approche similaire chez les adultes qui se trouvent autour d'eux et qu'ils considèrent naturelle.

La géométrie du visage d'un enfant exprime la relaxation et l'harmonie intérieure. Si nous devions accepter absurdement la situation où un enfant ressentait même pendant quelques secondes, l'état de tension du visage sillonné de rides d'un vieil homme, il percevrait très probablement une douleur qu'il pourrait à peine supporter.

Les enfants ont de nombreuses expressions faciales qui se produisent à partir d'un état de détente et de joie, coulent avec ce qu'ils ressentent et sont *un* avec le moment, sans retenir en eux leurs sentiments et sans rester en colère pendant trop longtemps, et c'est pour cela qu'ils n'ont pas de rides.

La plupart des adultes, même s'ils rient ou sourient, le font souvent sur un fond d'état de tension, étant rarement fluides et *un* avec le moment. Le rire des enfants appartient à l'ensemble du corps, étant donné que la plupart des cellules sont impliquées dans cet acte, contrairement au rire des adultes qui est le plus souvent localisé au niveau du visage.

Ayant toutes sortes d'expressions faciales provoquées par la tension qui s'accumule progressivement, le tonus des muscles du visage réinitialise à chaque instant *sa normale* à un autre niveau, selon lequel, il exprime par endroits une plus grande contraction, une contraction entraînant l'apparition de rides.

A chaque fois que vous riez ou souriez, de complaisance, par compromis, ironiquement, faux ou forcé, votre matière sera déterminée à la fois par les apparences que par ce que vous essayez de cacher derrière.

Certains diront que, les rides qu'ils ont s'accentuent au fil des ans, alors que ce n'est pas le temps qui les détermine, mais l'intensité accrue des pensées et des émotions *négatives* qu'ils génèrent, et la dynamique plus faible de leur énergie. Si le temps est vraiment le principal responsable de la présence des rides, alors pourquoi tous les gens n'ont-ils pas les mêmes rides au même âge?

Il y a des enfants qui, en raison des souffrances qu'ils ont ressenties à la suite du comportement de leurs parents, souhaiteraient ne pas leur ressembler, mais auraient aussi de nombreuses craintes intérieures à cet égard. En concentrant leur attention sur ce qu'ils ne veulent pas matérialiser, ils finiront par vibrer exactement sur les fréquences qu'ils rejetaient et, par conséquent, leurs peurs deviendraient réalité.

Même la peur de ne pas ressembler à quelqu'un physiquement, dans ses comportements, émotionnellement ou mentalement crée des tensions et des troubles dans le processus de croissance et de développement. Par exemple, celui qui a une très forte crainte de pouvoir être tout aussi court que ses parents ralentit et limite ses processus de création de manière à se former comme il l'avait imaginé. C'est une chose de craindre quelque chose partant du principe que la probabilité de manifester cette peur est élevée, et c'en est une autre d'assumer avec force ce que vous voulez être et mettre votre intention en toute confiance en vue de matérialiser ce que vous voulez.

L'attitude de gagnant est celle de faire tout votre possible pour surmonter votre condition.

L'AMOUR VOUS RAJEUNIT

Peut-être que, jusqu'à présent, vous n'avez pas accordé assez d'attention aux cellules de votre corps et n'avez pas réussi à les percevoir comme elles sont réellement. Chaque cellule crée, émet et reçoit des ondes d'énergie basées sur la compatibilité et représente la projection au niveau micro de l'organisme auquel elle appartient.

La cellule qui parvient à expérimenter plus profondément l'unité, entre elle et les cellules avoisinantes se conserve longtemps, dans l'ensemble dont elle fait partie. Prenons comme exemple un groupe composé de quelques cellules épithéliales. Si elles vibrent très intensément sur les fréquences de l'unité et oscillent de manière à rester dans un état de centrage relatif, soutenant leur évolution, alors, elles maintiendraient leur apparence jeune et développeraient leur vitalité, leurs fonctions et leurs propriétés. En antithèse avec cet exemple, les cellules qui vibreraient intensément sur les fréquences d'isolement et de souffrance vieilliraient et se désintè-

greraient rapidement, et l'ensemble qu'elles forme-
raient commencerait à se déformer et à paraître incomplet.

Pour chaque type de cellule, des informations générales relatives à leur durée de vie ont été validées. Toutes
ces informations ne reflèteraient que quelques-unes des
réalités infinies existantes. Les cellules de celui qui
exprimerait une conscience plus élevée que les autres
vivraient plus longtemps et assureraient une fonction-
nalité supérieure à son organisme.

Lorsque vous détestez certaines parties de votre
corps, vous émettez des ondes d'énergie denses que vous
dirigeriez vers les cellules qui composent ces zones. Peu
à peu, toutes sortes d'asymétries de forme, de couleur,
de texture ou même de maladie apparaissent, à la suite
de l'accès et de l'expression limités des codes créatifs.

En aimant en particulier certaines régions de votre
corps, vous génèreriez des actions par lesquelles vous
extérioriseriez une attention et une appréciation particulière envers elles et vous ignoreriez les autres parties. Peut-être ignorer, est moins destructeur que haïr,
mais les effets sont similaires, car les deux sentiments
sont la conséquence de l'expression de trop peu d'amour.

Ignorer absolument, impliquerait de ne rien ressentir envers quelque chose ou quelqu'un en particulier.
Un robot peut être complètement indifférent émotionnellement, mais un être vivant jamais! En fait, l'ignorance
est le masque que pose celui qui ne veut pas recon-
naître, que même lui, il ne s'aime pas et qu'il n'aime
ni ceux envers lesquels il manifeste des émotions de
faibles vibrations.

Le fait même d'admirer les qualités physiques d'autres personnes conduit à donner de votre énergie. Lorsque vous êtes admiré, vous vous nourrissez de l'énergie

de vos admirateurs et, par défaut, des informations créatives qu'ils vous transmettent.

Dans les moments où vous avez envie de l'admiration de ceux qui vous entourent, en fait, sur le plan subtil, vous avez envie de leur énergie. Au fur et à mesure que vous preniez conscience de ces questions, vous choisiriez d'arrêter de donner cours à des situations où, vous gaspilleriez une quantité importante d'énergie ou par lesquelles vous utiliseriez l'énergie des autres.

À la beauté et au succès de nombreuses personnes qui ont une vie publique et médiatique, contribuent, y compris les énergies qui leur ont été et continuent à leur être destinées, par les fans qui les regardent avec admiration et qui leur adressent de nombreux mots d'appréciation.

Une variante où vous regardez l'existence en préservant une plus grande quantité d'énergie est celle où, vous allez au-delà d'autant d'attachements et de désirs que vous avez et de rester aussi centré et détaché que possible. Dans une telle situation, vous voyez *la vie* autour de vous exactement telle qu'elle est et vous comprenez que les attributs des formes par lesquelles elle est exprimée sont parfaitement naturels en corrélation avec leur *normalités*. Cela ne signifie pas que si, vous arrêteriez de vous enthousiasmer, vos émotions seraient aplaties, bien au contraire. La profondeur de vos sentiments est au-delà de la signification de tous les mots.

Beaucoup de gens ont l'habitude de prêter une attention particulière à leur visage, de l'admirer quotidiennement en se regardant dans le miroir, et de négliger les autres zones du corps, considérant qu'elles sont sans aucune importance. Cette pratique se traduit par la concentration au niveau de leur visage, d'une quantité significative de l'énergie qui crée leur être. Par conséquent, les autres zones du corps ne seraient plus aussi belles et, un énorme écart apparaîtrait entre leur visage et le reste du corps. La normale est, de sentir comment à chaque instant et à travers tous vos pores, l'harmonie et la splendeur, sans les limiter au niveau d'une zone bien définie.

Bien que lorsque nous rencontrons d'autres personnes, notre visage est particulièrement regardé, cela ne signifie pas que nous devons faire de notre mieux pour que celui-ci seul, soit agréable au regard des autres.

Tout ce qui est forcé est moins attrayant, de sorte que, malgré les attentes, au lieu de louanges ou d'appréciations, vous pouvez souvent recevoir des critiques et des rejets.

Si, quand vous admirez, vous donnez de l'énergie alors, quand vous vous émerveillez, vous prenez de l'énergie. Il est absurde de s'émerveiller de votre propre intelligence et de votre beauté ou de la béatitude de tout paysage. Pourquoi devriez-vous être émerveillé par le bleu du ciel ou par l'apparition de l'arc-en-ciel? Les vertus sont au cœur de nous, et nous nous honorons nous même, dans la mesure où nous ne nous dédaignons plus.

Même quand vous vous dites en tête, *J'ai l'air bien aujourd'hui!* implique ne pas admettre à croire de tout votre être, que cette réalité est toujours normale.

À chaque fois que vous vous émerveillez du fait que vous vous souvenez de divers détails, une partie de vous considèrerait que votre *normal*ité est loin de ce qui vous arrive dans ces moments. En conséquence, les aires cérébrales responsables de l'acte de mémorisation se détérioreraient et vous vous calibrerez progressivement à un état *d'être* dans lequel votre normale serait de plus en plus définie par l'oubli. L'oubli est une illusion telle que l'impuissance, l'ignorance, la peur ou la souffrance...

Les personnes qui détestent leur corps ou qui ont diverses maladies et dépendances, finissent par se sentir attachées aux émotions et aux états physiques qu'elles ont l'habitude de créer, d'autant plus qu'elles manifesteraient trop peu de flexibilité. Par conséquent, leur énergie tend à maintenir leur configuration, ralentissant leur évolution.

Lorsque vous faites face à la situation où, vous pensez que vous êtes indifférent à certaines vérités et réalités, réfléchissez-y et vous finiriez à prendre conscience de ce que vous ressentiriez réellement à leurs égards.

La géométrie de votre corps est influencée même par les moments où, vous vous identifiez à des personnes qui vous raconteraient une partie de leurs problèmes et de leurs souffrances. Directement proportionnelle à l'intensité de l'identification, sont également les tentatives faites, pour les persuader de procéder d'une manière adaptée à votre point de vue, ou de leur faire comprendre, les aspects qui les auraient amenée, au point où elles se trouvent. En vous identifiant simplement à de telles personnes, vous vous diminuerez en éclat, et permettant à la façon dont leur corps et leurs sentiments sont créés, de mettre une empreinte sur vous.

Peut-être, vous ne seriez pas attentif aux subtilités qui se produisent dans un tel moment, ou à la dynamique de l'énergie de votre corps, mais vous n'aimeriez certainement pas qu'une personne salisse vos nouveaux vêtements avec de la peinture, sachant que de telles taches sortent difficilement.

Si vous étiez plus conscient que, du moment où vous vous identifiez aux problèmes des autres, ils laisseraient des marques visibles sur votre corps, alors vous ne seriez plus complaisant dans de telles situations.

En permettant à leurs douleurs et à leurs tensions de s'imprimer en vous, il pourrait vous arriver que, vous soyez triste, vos yeux deviennent plus trouble, les muscles de tout votre corps se contractent, le rythme et l'intensité de vos battements de cœur changent, votre respiration devient plus difficile, des troubles digestifs apparaissent, votre tête vous ferait mal, vous vous sentiriez accablé et privé d'énergie, vous accumuleriez un excès de graisse ou vous perdriez beaucoup de poids. En plus, votre visage accumulerait de la densité, d'autant plus que, vous serez susceptible à froncer les sourcils, à faire toute sorte de grimaces et se transformer, de manière à exprimer grossièrement ce qui se passe au niveau subtil. Il est essentiel de comprendre que de telles situations répétées endommageraient votre corps, il serait donc indiqué de les éviter autant que possible.

À chaque fois que vous criez, que vous offensez, blâmez, paniquez, etc., vous déformez votre disposition géométrique des particules de vie. Ainsi, des sécrétions et des hormones dont les composantes et les actions ne sont pas bénéfiques, seront libérées dans votre corps. Les réactions qu'elles génèrent peuvent se dérouler sur plusieurs heures et causer des dommages à l'organisme.

Les effets des moments où vous ressentez de la colère durent plus longtemps que l'état du moment en soit, même si, apparemment, vous vous dites que vous vous êtes calmé. Même un bref moment de manifestation, d'un état de faible vibration, peut avoir des répercussions importantes.

Lorsque vous êtes en colère, le cœur convertit les vibrations du sang en vibrations beaucoup plus basses qu'il transmet par la suite dans tout le corps, chaque cellule s'y rapportant différemment, en fonction de sa conscience globale. Les cellules qui expriment habituellement une luminosité intense ne seront pas affectées autant que celles qui vibraient déjà sur des fréquences similaires. Ainsi, certaines cellules vieilliraient plus rapidement que d'autres et rempliraient leurs fonctions à un faible potentiel.

Dans les moments où vous êtes surpris d'être maladroit et précipité, ou d'avoir un tremblement dans les gestes, en fait, le dynamisme de vos mouvements et de vos processus vitaux extériorisent le chaos de l'intérieur.

Considérant que l'extérieur et l'intérieur de votre corps ne font *qu'un*, vous pouvez facilement vous équilibrer en régulant simplement le rythme des respirations, de telle sorte qu'il devienne calme et profond, mimant un visage serein et souriant, mais aussi des gestes sûrs et fluides.

Donc, vous ne pouvez pas être en colère et en même temps maintenir une dynamique corporelle qui est une expression de l'harmonie. C'est à vous de choisir si dans les moments de nervosité, vous continueriez à gesticulez nerveusement, à respirer rapidement et superficiellement, à avoir un froncement de sourcils et un ton aigu, ou à guider votre corps pour approfondir l'état de relaxation, de tranquillité et de paix intérieure.

Votre corps a tendance à avoir par lui-même, une certaine posture, gestique, mimique, etc… en fonction de vos désirs et besoins, des intentions que ceux qui vous entourent ont envers vous, des sentiments que vous ressentez, des processus qui se déroulent dans votre corps, des directions vers lesquelles vous tournez principalement votre attention, des activités que vous effectuez, du domaine dans lequel vous activez, des qualités et des compétences que vous souhaitez développer.

Chaque instant, vos états intérieurs poussent votre

corps à se disposer dans différentes positions, que vous dormez, gesticulez, marchez ou entreprenez une gamme d'activités.

LA TRANSFORMATION EST CONTINUE

Les gens qui vivent ensemble depuis de nombreuses années arrivent à se ressembler physiquement, dans leurs comportements, intellectuellement et spirituellement. Cet aspect est observé chez les membres d'une même famille, chez les collègues de travail ou dans des groupes d'amis.

Dans la mesure où, ils s'identifient à leurs parents, les enfants prennent beaucoup de choses de leurs systèmes de valeurs et imitent leurs attitudes, leurs préoccupations, leur façon de penser, de sentir, de parler, de marcher et de gesticuler, leur posture, leurs tics, leur style vestimentaire.

Les partenaires dans un couple se façonnent les traits de l'autre afin qu'ils finissent par mieux s'harmoniser. Bien sûr, ces alchimisations se produisent dans une multitude de directions, dont certaines ne sont pas bénéfiques, comme c'est le cas, lorsqu'ils imitent leurs vices, leurs dépendances, leurs faiblesses, leurs maladies, leurs modèles, etc…

La façon dont les couples vivent et vieillissent ensemble se reflète dans leur corps et dans tout ce qu'ils parviennent à matérialiser. Les partenaires de couple copient les programmations qui influencent leur vitalité, leur longévité, leur intégrité mentale, physique et émotionnelle, la vitesse de vieillissement, les traits du visage, la disposition et le dépôt de graisse, les propriétés et les fonctions cellulaires.

Certains conjoints finissent par être presque aussi en surpoids, ridés, épuisés, malheureux. On ne peut pas dire sur eux qu'ils ont bien vieillis, car s'ils s'étaient enrichis spirituellement beaucoup plus, ils auraient créé leur corps et leurs expériences de manière telle, à exprimer plus de sagesse, de vitalité, de prospérité… Contrairement à eux, ceux qui ne se résument pas de vivre superficiellement et expérimentent d'une façon plus consciente *la vie* à un niveau multidimensionnel, s'entre passent les uns les autres et arriveraient à une meilleure version pour eux.

Même les animaux de compagnie copient la physionomie et les comportements de leurs *propriétaires* et vice versa. Un chien heureux et soigné est l'expression de la façon dont ses *amis* vivent, et non *les maîtres*, tandis que, *le maître*, par sa définition même, se rapporte à la Création avec supériorité, arrogance, ignorance et égoïsme.

Celui qui fait partie d'un groupe où les membres sont souvent mécontents, bavards, ont des dépendances, se victimisent, trouvent toujours des excuses à se plaindre de leur apparence ou des difficultés qu'ils rencontrent, s'identifierait intensément à leurs états et se calibrerait aux fréquences des ondes d'énergie qu'ils émettent. À un moment donné, il finirait par se manifester de la même façon et s'adapterait à leurs habitudes et à leur vision de la vie.

La profession et l'environnement de vie sont également des facteurs importants dans le processus de modélisation du corps. Chacun, a tendance à entreprendre diverses activités et à avoir une certaine conduite, implication, mime et geste au sein des différents collectifs auxquels il appartient pour être aimé, accepté par ceux qui l'entourent, pour s'encadrer aux règles de l'ordre intérieur, pour avancer hiérarchiquement, etc... À la suite des collaborations et des interactions qu'il entretient avec les membres du collectif, il copie l'attitude et les mots que certains d'entre eux utilisent fréquemment, parfois même leurs compétences. Par exemple, il existe des différences considérables entre un avocat et un travailleur dans la construction. C'est, d'une certaine manière, que se présenterait, penserait, sentirait et se comporterait, l'homme qui vit dans un quartier résidentiel d'une capitale, et d'une autre manière, se présenterait l'homme qui vit dans un village pauvre.

Beaucoup de gens veulent se détacher de certains chapitres de leur vie, qu'ils croient avoir fermés, comme, l'abandon d'une profession au détriment d'une autre, sans qu'ils soient ouverts à ce qu'ils ont proposé d'entreprendre et de concrétiser. Ils oublient le fait que, *la vie* est caractérisée par le flux et l'expression multidimensionnelle et synchrone de types infinis d'expériences.

Tout ce qui vous est arrivé reste *un* avec vous, pour toujours, et en fonction des oscillations de votre conscience, à certains moments, vous pourriez vous sentir détaché de certains sujets, et identifié dans d'autres.

Rien ne s'arrête donc jamais, étant donné que l'existence ne connaît pas de finalité. Votre vie ne cesserait de se transformer. En fonction des directions que vous choisissez, celles-ci, peuvent vous conduire à votre croissance, comme elles peuvent vous conduire à votre décadence. Peu importe ce que vous choisissez, ce quelque chose ne peut pas être édifiant de la manière absolue.

La principale raison pour laquelle vous pouvez avoir de la difficulté à vous détacher du travail que vous avez pratiqué pendant une longue période, ou que vous pratiquez encore, est que, la dynamique de votre énergie s'adapterait, de manière à être compatible avec les spécificités des activités que vous avez eu ou, que vous devriez encore entreprendre.

Pour chaque tâche, vous vous programmez et vous vous calibrez d'une manière spécifique, sinon, vous seriez principalement incompatible avec ce que vous devriez faire. Par exemple, un policier doit être imposant, catégorique, sobre et rigide le cas échéant; un comédien doit être charismatique, expressif, drôle, inventif, savoir comment se rendre agréable; un chirurgien doit être précis, méticuleux, perspicace...

Les problèmes surgissent, lorsque les aspects négatifs des rôles que vous êtes en quelque sorte déterminé à jouer, afin que vous puissiez professer, finissent par se manifester dans votre vie personnelle et familiale. C'est un fait qui arrive à différents degrés et façons, à tous les gens, parce que, quoi que vous fassiez, vous perdriez d'un côté et vous gagneriez de l'autre. Il serait préférable que les pertes ne soient pas supérieures aux gains.

Il n'est pas normal que, pendant votre temps libre, vous soyez en état d'alerte, tendu, agité et agressif, se moquant de presque tout et plaisantant même lorsque le contexte dans lequel vous vous trouvez est celui qui exige du sérieux, être paranoïaque à l'idée que vos enfants développeraient une quelconque maladie ou aient des microbes sur leurs mains, etc…

Ce qui rend certains épanouis avec ce qu'ils font, et d'autre, trouvant cela difficile ou, qu'ils ne s'encadrent pas dans un tel rôle. Il est important de sentir quels sont les rôles qui vous conviennent le mieux, sinon, vous ne pourriez pas y faire face. Par exemple, beaucoup de gens ont le potentiel de devenir parents, mais seulement quelques-uns prennent cette mesure quand ils se sentent vraiment prêts.

Pour être en mesure de jouer différents rôles, de telle

sorte que vous ne souffriez pas sur d'autres plans, il est important de faire attention à ce qui se passe en vous et à tous ceux avec qui vous entrez en contact.

Étant tous *un*, il est naturel de percevoir les sentiments des autres, mais il n'est pas normal de penser que ce qu'ils ressentent est identique à ce que vous ressentez. Par exemple, vous pouvez avoir à communiquer avec une personne qui est très stressée et, même si vous étiez détendu au départ et en relative harmonie, brusquement, vous commenceriez à vous sentir nerveux, anxieux et récalcitrant. Si vous percevriez le stress des autres d'une manière détachée, vous n'entrerez pas dans des états dont vous auriez du mal à vous remettre, mais vous vous maintiendriez dans un équilibre relatif.

Une personne flexible et attentive à ce qui lui arrive, ne restera pas figée longtemps dans le même état.

L'ÉTAT DE MÉDITATION

Dans les moments de bonheur et de contemplation, le corps a tendance à lui seul à se maintenir dans une position spécifique, et le visage à exprimer la sérénité et l'accomplissement.

Il n'y a pas à vous forcer à méditer uniquement dans une position particulière, qui, à un moment donné finirait par vous mettre mal à l'aise, simplement parce qu'elle est considérée par certains, comme la plus bénéfique.

Dans les conditions où, dans la vie quotidienne, vous n'êtes pas assez concentré et facilement troublé, alors, quand vous voudriez entrer dans l'état de méditation, vous vous comporteriez de la même façon et vous vous sentiriez perturbé par tout autre facteur extérieur, comme le bourdonnement d'une mouche, les aboiements d'un chien, le gazouillis des oiseaux, la voix des autres personnes. Tout dépend de vous si vous choisissez ou non, à maintenir l'harmonie et la concentration.

Avec l'idée que vous soyez interrompu et dérangé de l'état de méditation, votre corps se repositionne, le rythme de la respiration, le rythme cardiaque ainsi que les pensées s'intensifient, le fil d'accès à l'information et les réponses aux questions s'arrêtent.

En d'autres termes, les moments authentiques où, vous vous sentiriez plus profondément *un* avec la Création viendraient spontanément et purement sans les programmer.

La clarté de l'information exprimée lorsque vous comprenez votre essence est nettement supérieure aux expériences que vous essayerez d'induire de force, par désir de vous sentir plus spirituel ou spécial. Ainsi, la méditation surviendrait de plus en plus souvent jusqu'à ce qu'elle deviendra votre état naturel d'*être*.

LES CHOIX FAÇONNENT VOTRE ÊTRE

Tout au long de votre vie, vous avez probablement eu différentes discussions avec certaines personnes, à la suite desquelles elles essayaient de vous persuader de faire certains choix, en fonction de leurs propres besoins, intérêts, ambitions, désirs. Quelquefois, elles réussissaient à vous déterminer à penser et à ressentir comme elles, parce qu'elles auraient un champ énergétique dominant, qu'elles étaient plus confiantes et qu'elles vibraient puissamment pour matérialiser ce qu'elles voulaient, alors que vous, vous aviez un champ énergétique faible, vous vous complaisiez à la naïveté, à l'ignorance et au manque de confiance.

À chaque fois que vous faites preuve d'hésitation et que vous vous sentez en insécurité, indécis et dispersé dans une multitude de directions, il y a une probabilité assez élevée qu'une personne qui concentre son énergie principalement sur ses directions d'intérêt vous façonnerait et vous pousserait à faire des choix en fonction de ses désirs.

Étant facilement manipulable, vous êtes parfois influencée par des ondes énergétiques qui sont ciblées sur vous, et votre configuration énergétique se calibre à la géométrie de la personne concernée, de sorte que, vous soyez sur des longueurs d'ondes similaires aux choix qu'elle voudrait que vous fassiez. Ces choix sont déjà en vous, aux côtés d'infinis d'autres choix possibles, de toutes les autres formes de vie existantes, étant donné que, l'ensemble de la Création est projeté à votre niveau. Toutefois, nous sommes tous interconnectés par le fait que, nous devenons constamment *un* avec les éléments de l'environnement qui nous entourent, qui se trouvent toujours dans un circuit cosmique où ils participent à la création de chaque forme de vie.

Du moment que vous interactionnez face à face avec une certaine personne, il y a un échange continu de différentes formes d'énergie, à la fois subtiles et grossières. Ainsi, certains éléments qui vous composent finissent par la constituer aussi et vice versa. Bien entendu, ces éléments ont leur propre conscience, contiennent l'information de tout ce que cette personne ressent, pense, et finira par vous influencer à différents degrés et manières.

Pour mieux comprendre cette situation, imaginez la projection holographique de votre corps, dans la variante énergétique, composée d'une multitude de particules de vie de différentes lueurs qui se trouvent dans un permanent processus de création. À chaque choix que vous faites, ces particules modifient à la fois leur arrangement et leur éclat. Si vos choix contribuent à votre accomplissement, vous créeriez plus de lumière, s'ils vous font diminuer, votre lumière s'estomperait en générale selon la conscience de chaque partie de vous.

Quand quelqu'un vous pousse à choisir selon ses intérêts, vous commenceriez à vibrer plus intensément dans ses directions et vous vous calibreriez au niveau de brillance que ces choix impliquent.

Il n'est pas nécessaire d'avoir devant vous quelqu'un qui veut que vous fassiez ce qu'il fait. D'où qu'il soit, quelle que soit la distance qui vous sépare, en se connectant simplement à vous par des pensées et des émotions, il vous transmettrait au-delà de la forme, du temps et de l'espace, les informations sur la base desquelles vous agiriez.

Étant indécis et ayant certaines faiblesses, vous permettriez aux autres de choisir à votre place, dans la mesure où vous résonnez avec ce que l'on attend de vous. Ainsi, vous participeriez davantage à la matérialisation de leurs désirs qu'aux vôtres. C'est comme si l'échange d'ondes d'énergie et d'éléments constitutifs entre l'émetteur et le receveur fonctionnait comme des antennes ou des satellites par lesquels des informations sont reçues, décodées et transmises. Par exemple, supposons que quelqu'un veut construire une maison, et choisit de construire une maison avec étage, mais, il n'est pas si sûr de son choix. En conséquence, il demanderait à son meilleur ami comment procéder, et celui-ci lui conseillerait de la faire à un seul niveau, en lui donnant des arguments dans ce sens. Bien que ce conseil soit complètement contraire à la façon dont il voulait initialement procéder, il finira par se laisser influencer et ignorer son choix. Après avoir construit sa maison, il ne pourrait pas décider de quelle couleur la peindre à l'extérieur et quels types de portes choisir, et, à partir de ce considérant, il demanderait conseil à sa petite amie. Celle-là lui dirait de choisir l'orange et le bois de chêne. Par la suite, il ne serait pas capable de décider tout seul s'il devrait se marier ou non, avoir deux enfants ou plus, voyager à travers le monde ou non, se reconvertir professionnellement et poursuivre sa passion ou se complaire à travailler toute sa vie dans un domaine avec lequel il ne résonne plus...

En réfléchissant à l'exemple précédent, vous pouvez déduire qu'une telle personne construit sa vie en fonction des choix des autres, n'étant pas l'auteur principal de ses propres expériences. Agissant selon le niveau de connaissance, de compréhension et de sentiment que les autres ont atteint, bien sûr, elle ne pourrait pas vraiment être satisfaite de sa vie.

Evidemment, il n'est pas dit qu'il n'est pas indiqué de demander conseil aux autres, tant que vous faites attention à votre vie et induire avec clairvoyance, si les conseils qu'on vous donnent sont satisfaisants ou non.

Il est important de savoir avec qui se conseiller. Une personne qui exprime une conscience plus élevée et qui a une vision de l'ensemble, peut vous aider à élargir vos horizons, vos perspectives et vos connaissances et vous orienter vers les voies qui sont compatibles avec l'éclat que vous exprimez. En revanche, ceux qui regardent superficiellement les événements de leur vie, peuvent vous détourner de votre chemin et vous faire plus de mal que de bien.

Lorsque vous êtes indécis au sujet d'un choix et que vous obtenez des conseils d'une personne qui est aussi souvent indécise, votre sentiment de doute sera amplifié et il vous semblerait que vous ne savez plus dans quelle direction le prendre. En revanche, lorsque vous avez une idée et que vous concentreriez principalement votre attention sur sa réalisation en étant cohérent et confiant, alors cette idée va s'épanouir et prendre la forme d'un chef-d'œuvre. Ce genre de comportement, par lequel vous laissez les autres choisir à votre place et mettez leurs perspectives au premier plan, alimenterait vos incertitudes qui vous pousseraient à générer une série de sentiments contradictoires et changeants.

Au cas où, vous vous trouveriez en situation de prendre une décision, alors que vous n'exprimeriez pas suffisamment d'harmonie, de détermination et de clarté, vous ressentiriez en même temps plusieurs états divergents qui seront causés par le fait que, les particules de vie qui vous créent se manifesteraient en même temps avec des intensités différentes.

Le processus décisionnel est clair, facile et rapide, lorsque vous agiriez à partir d'un état élevé, où votre sentiment et votre pensée seraient sur des longueurs d'ondes similaires, et les particules de vie qui vous composent vibreraient en grande partie à l'unisson.

Chaque personne est indécise à des degrés différents selon le sujet auquel elle se rapporte. L'indécision n'est pas seulement négative, mais aussi positive. Même aux moments d'incertitude, vous imagineriez ou vous induiriez différents aspects, auxquelles vous pourriez faire face à chaque choix possible. En mettant en balance une multitude de postures dans lesquelles vous pourriez vous retrouver, vous en viendriez à comprendre quelles sont les conséquences ou les avantages qui résulteraient de chaque choix, à quoi faut-il faire attention et vers quelle direction se diriger.

Même l'état de concentration a une dimension destructrice, dans le sens qu'il peut se transformer en fixisme dans les conditions où il est conduit à l'extrême. Un aspect négatif de la pensée fixiste est que vous rétrécissez vos horizons de connaissance et vous vous priveriez d'être et d'avoir plus.

Dans la nature, rien n'est parfaitement statique. Chaque brise de vent ou chaque rafale, détermine toutes les formes de vie, à trouver un niveau supérieur d'équilibre. Il peut arriver que vous soyez parfois indécis et désordonné, pour que, plus tard, faire le saut quantique vers un niveau supérieur de décision et de calibrage.

LES MODÈLES GÉOMÉTRIQUES

En regardant la Création dans son ensemble, vous pouvez facilement constater qu'il existe des modèles géométriques que vous retrouvez partout.

La forme en spirale, peut être observée dans les galaxies, les cyclones, les tornades, les coquillages, les escargots à coquille, la toile d'araignée, les feuilles de fougère encore non défaits, les cônes de sapin, la disposition des pétales de certaines espèces de fleurs, les cornes de bélier, les cochlées de l'oreille interne des humains, l'ADN, les cheveux ondulés, les artères spirales utérines, etc...

La disposition ramifiée des bronches et du système vasculaire qui nourrit le placenta s'apparente à la façon dont la couronne d'un arbre ou la racine de certaines plantes est configurée.

L'arrangement des cellules nerveuses entrant dans la composition des hémisphères cérébraux est similaire à la façon dont, le réseau de galaxies de l'Univers est disposé, de sorte que, métaphoriquement parlant, chaque neurone peut être comparé à une étoile. C'est à vous de décider si vous choisissez d'intensifier l'éclat du plus grand nombre possible de ces étoiles, d'établir de plus en plus de connexions entre elles et d'en créer de nouvelles.

Vues au microscope, les cellules peuvent être: stellaires, fusiformes, ellipsoïdes, en forme de canne, cubiques, parallélépipédiques, etc.

D'un point de vue macroscopique, certains organes ont une forme végétale similaire, les hémisphères cérébraux peuvent être comparés à une noix, le cœur est relativement semblable à une tomate, le rein à la forme d'un haricot, l'iris humain ressemble à une carotte sectionnée transversalement, la glande mammaire ressemble à une section à travers un pamplemousse, le pavillon de l'oreille est comme la section transversale d'un champignon, le pancréas a une forme similaire à la patate douce, et les exemples peuvent continuer...

LA GÉOMÉTRIE DES CENTRES ÉNERGÉTIQUES

Les principaux centres *énergétiques* du corps humain sont représentés sous la forme de plusieurs dessins dont la complexité s'élève de la base de la colonne vers le haut de la tête. Ces représentations peuvent donner l'impression que certains centres énergétiques sont plus importants que d'autres. Dire que les yeux sont plus importants que les pieds ou que les centres énergétiques situés au niveau des mains est moins précieux que les centres de la zone du bassin, est tout simplement absurde. Tout ce qui vous compose est unique et a son sens.

Par désir d'exprimer une gamme de compétences qui sont censées être particulièrement corrélées avec les centres énergétiques au niveau de la tête, beaucoup ont tendance à concentrer leur attention et leur énergie sur leurs élévations. Des écarts considérables sont ainsi créés entre le fonctionnement des différentes régions du corps, d'autant plus qu'il ne faut pas ignorer le fait que, chaque centre énergétique est l'expression de l'éclat de l'ensemble des énergies qui vous composent et vous créent en permanence.

Il est préférable d'accorder attention et amour à tout votre être, et pas seulement à quelques zones de prédilection. Ainsi, vos centres énergétiques se développeraient plus harmonieusement dans l'éclat, sans trop de différences entre eux.

Macro est projetée en *micro* et vice versa, ce qui signifie qu'il existe une projection énergétique de tous vos centres énergétiques au niveau de chacun d'eux. Donc, tout est projeté dans tout.

Vous n'êtes pas composé de régions isolées les unes des autres, tout comme vos organes ne fonctionnent pas séparément non plus, mais il existe un flux parfait entre les différentes formes d'énergie qui vous composent. Aucun centre énergétique ne correspond à une seule région parfaitement circonscrite.

Il n'existe pas de modèle géométrique spécifique que vos centres énergétiques *devraient* atteindre, car la configuration de toute particule de vie est en constante transformation. Tant que vous choisissez d'évoluer à tous points de vue, la géométrie de tout ce que vous représentez s'améliorerait.

L'ENVIRONNEMENT VOUS REFLÈTE

Chaque image est composée d'une infinité de particules de vie. Plus l'image que vous regardez correspond à des dimensions plus grandes, plus vous vous harmonisez, influencé par la dynamique, la symétrie et les fréquences des couleurs vibrantes que vous décodez. Ainsi, vous arriveriez au niveau subtil de créer et de donner plus de vie, car votre être se nourrit, en fonction de la compatibilité, avec les énergies environnantes qu'il éprouve à travers les sens.

La simple contemplation d'un paysage qui abonde dans la fraîcheur et la vitalité, influence de manière bénéfique votre géométrie, étant donné qu'elle renforce votre imagination, votre créativité, votre équilibre, votre relaxation, etc. et améliore l'ensemble des processus qui se déroulent dans votre corps.

Le cadre naturel et l'environnement (logement, bureau, ville) sont l'expression de ce que manifeste la conscience collective des êtres qui les habitent. Celui qui incarne un état élevé d'harmonie a une plus grande appréciation de la nature, a une maison soignée et accueillante, a un aspect physique agréable et propre, met de l'harmonie entre ceux qui l'entourent, etc...

Plus vous êtes bien rangé, plein de vitalité et prospère, plus vous vous sentiriez attiré par les lieux, les personnes et les expériences, qui vous offrent ce que déjà vous exprimiez et ce que vous êtes, l'extérieur étant une projection de ce qui se trouve à l'intérieur de vous et vice versa.

• LA MUSICALITÉ DE LA CRÉATION

LE CORP, UN ENSEMBLE DE SYMPHONIES

La musique se crée et se manifeste par une infinité de formes et de modes, même au-delà de tout instrument de musique. Vous-même, vous pouvez être *un chef-d'œuvre musical* qui pourrait imprimer l'harmonie dans l'environnement.

À chaque fois que les particules de vie qui composent votre corps vibrent simultanément, sur des fréquences plus élevées en générale, votre musicalité se perfectionne et peut être perçue comme une *caresse* par tous ceux, avec qui vous interagissez et qui deviennent à leur tour plus mélodieux. En revanche, plus il y a d'écarts entre les fréquences que vous créez, plus vous êtes *bruyant* en mode général, vous ne savez pas ce que vous voulez vraiment, vous devenez indécis, récalcitrant et émotionnellement instable, vous vous fâchez de tout et, rien ne vous conviendrait, vous criez souvent, ainsi, la dynamique des processus vitaux de votre corps finira par devenir chaotique. À cause de tout cela, la plupart des gens dans votre vie auront tendance à garder leurs distances envers vous et ne seront plus assez ouverts à vos besoins et à ce que vous avez à leur transmettre.

Dans les moments de bonheur et de paix intérieure, votre corps peut être comparé à une symphonie, tandis que dans les moments d'agitation et de nervosité, il peut être comparé au bruit caractéristique des marchés.

Lorsque vous générez tout simplement des ondes hautes (de type *thêta* ou même au-delà de toute autre onde connue ou nommée jusqu'à présent), vous deviendrez beaucoup plus conscient de tout ce qui se passe. Vous pourriez sentir, écouter votre musique intérieure et accéder aux ondes d'énergie beaucoup plus subtiles.

Il y'a des personnes qui parviennent à accéder facilement à des plans supérieurs et à vivre l'expérience de la perception d'une musique considérée comme *divine*. Cette *musique divine* est le résultat des sons produits par la résonance des formes de *vie* de ces plans. Pour pouvoir accéder aux codes et aux informations de ces plans, il est nécessaire que les ondes que vous émettez soient sur des fréquences similaires aux ondes que vous souhaitez recevoir et d'avoir un niveau de conscience qui soutiendrait votre ouverture sensorielle nécessaire.

Les sons créés par les cordes vocales sont une expression de la conscience globale manifestée par l'organisme qui les produit, par l'environnement dans lequel il s'exprime, ainsi que, par les êtres participants au processus de communication.

Votre voix a un timbre vocal spécifique, mais aussi une expressivité particulière, en fonction de vos sentiments intérieurs, du contexte dans lequel vous vous trouvez, du nombre de personnes que vous abordez, de la dimension de l'espace dans lequel vous vous exprimez, de la température ambiante, de la composition de l'air, des phénomènes météorologiques dans l'atmosphère. Par exemple, votre voix peut transmettre de la tension, lorsque vous êtes en présence de quelqu'un qui vous domine et vous met mal à l'aise, ou elle peut transmettre la relaxation dans la situation où vous êtes en compagnie de vos êtres chers. Si vous vous adressez à votre partenaire de couple, votre voix exprime de l'amour et de la chaleur, mais si vous parlez à une personne inconnue ou antipathique, elle a tendance à être plus froide et plus distante.

Celui qui a un timbre vocal dont la mélodicité est loin d'être agréable, est très susceptible de s'habituer à prononcer des mots accompagnés d'émotions et de pensées à basse fréquence (comme c'est le cas quand quelqu'un critique, offense, méprise, ment), à réprimer ses mots, à parler quand ce n'est pas le cas ou à parler plus qu'il ne le devrait.

Au moment où la vibration des cordes vocales diminue, tellement qu'elle ne peut plus produire de sons agréables, chaleureux et harmonieux, la personne concernée commencerait à parler soit rauquement, en chatouillant ou avec toutes sortes d'inflexions. Bien sûr, une telle personne ne pourrait pas être une compagnie très agréable, d'autant plus que, tout ce qu'elle a à vous transmettre verbalement tendrait à être dérangeant. Par conséquent, plus vous êtes *équilibré* et *musical*, plus celui à qui vous vous adressez est réceptif aux messages que vous lui transmettez.

Lorsque vous jugez les autres et que vous êtes en colère, bouleversé ou espiègle, l'énergie des sons que vous émettrez influencera négativement, non seulement celui à qui vous vous adressez ou ceux dont vous parlez, mais aussi votre propre corps. En conséquence: la salive sera plus acide, comme vous l'*êtes*, au sens figuré; la densité de la salive augmentera et calibrera à sa taille énergétique tout ce qui est introduit dans la cavité buccale; vous accéderiez et exprimeriez de manière limitée les codes de création, etc...

Le processus de croissance des poils, la production de différents fluides, la transmission des impulsions nerveuses ou la motricité de la rétine, créent leur propre musique.

Chaque follicule pileux produit une musique plus ou

moins mélodieuse, le fil de cheveux qu'il génère ayant des caractéristiques spécifiques telles que, la couleur, la forme, l'épaisseur, la densité, la texture ou la longévité. Ainsi, les codes créatifs et les vibrations, que les follicules pileux expriment, rendent les cheveux en spirale ou droits, blancs ou blonds, rugueux ou veloutés, résistants ou friables, brillants ou mats. Métaphoriquement parlant, chaque cheveu a sa chanson, selon *l'éclat* du corps dont il fait partie.

Un ornement capillaire dense, intensément coloré, brillant, soyeux, fort et volumineux, est l'expression de la conscience élevée des follicules qui produisent des poils dont les propriétés et les fonctions sont beaucoup plus élevées. Bien entendu que, sur le plan énergétique subtil, la musicalité d'une telle région est particulière.

En regardant La Création à plus grande échelle, vous pouvez dire que chaque être est comme un verset d'une chanson sans début et sans fin.

VOUS ÊTES COMME UN INSTRUMENT DE MUSIQUE

Chaque être peut être comparé à un instrument de musique auquel toutes les autres formes de vie jouent subtilement haut de là du toucher.

Les types infinis de sons qui se créent continuellement, vibrent aussi à travers vous et influencent votre pureté, votre santé, votre brillance, votre bonne humeur, votre calme, etc…

Les instruments de musique diffèrent les uns des autres en valeur, en fonction d'une multitude de caractéristiques. Une même sonate est beaucoup plus agréable à entendre sur un piano de haute qualité, qui a une immense valeur matérielle, que sur un piano habituel.

Tout comme la valeur du piano est influencée par la qualité des matériaux à partir duquel il est constitué et par la valeur de son artisan et de l'artiste qu'on lui a attribué au moment où, il se confond avec lui, on peut dire que vous, en tant qu'essence divine, et l'ensemble des formes de vie avec lesquelles vous vous créez, vous vous entourez et résonnez, contribuent à votre valeur.

La santé des cellules le long desquelles les sons extérieurs et intérieurs se propagent et résonnent est particulièrement importante. Selon votre luminosité, les sons que vous recevez sont plus ou moins clairs ou plus ou moins déformés, et peuvent vous déterminer d'une manière principalement constructive ou destructive.

Aucun son ne reste le même, au moment où il fusionne de façon unique avec chaque particule de vie et chacune de vos cellules, comme vous aussi, vous n'êtes plus le même après cette fusion.

Les sons que vous émettez sont influencés par le niveau d'accomplissement de toutes les particules qui vous composent, de tous les organes cavitaires et des cavités qu'ils traversent et au niveau desquelles elles résonnent. Par exemple, les personnes qui ont certaines affections dans la cavité buccale, lorsqu'elles inspirent par la bouche, introduisent dans les poumons, et de là dans tout le corps, des molécules gazeuses dont l'énergie est réduite à des pourcentages différents et en différentes façons. En même temps, les gaz qu'ils expirent et qui fusionnent ensuite avec d'autres formes d'énergie et les mots qu'ils adressent à ceux qui les entourent auront un pouvoir créatif diminué et, par la suite, seront même destructeurs, contrairement à un homme en meilleure santé. Comme je l'ai déjà dit, la santé est un devoir moral non seulement envers vous-même, mais aussi envers chaque être existant, qu'il te soit proche ou cher.

L'ensemble des ondes d'énergie que vous produisez à chaque moment, peuvent être calibrées à des dimensions plus élevées non seulement par les couleurs, les odeurs, le toucher, la lumière, les fluides, mais aussi par des sons, qui représentent quelques-unes des formes d'énergie dont vous vous nourrissez.

Étant donné le fait que nous nous créons les uns les autres, alors, lorsque vous écoutez d'une manière béatifique et vibrante chanter une personne ayant une conscience élevée ou lorsque vous communiquez avec elle, il n'y a rien de mal à donner une direction aux énergies qu'elle crée. Concrètement, vous pouvez choisir consciemment comment ces énergies te construiraient et quelles parties de vous influenceraient-elles en particulier. À première vue, on pourrait dire que vous utilisez cette personne, mais en réalité vous ne la privez de rien, parce que tout ce qui donne à la Création, par le simple fait *d'être*, est disponible pour tous ceux, qui s'ouvrent à sa lumière.

Pourriez-vous dire que vous profitez des rayons du soleil qui baignent la planète dans la lumière et rendent la vie possible? Ce que vous faites, c'est profiter de la façon divine dont ce corps cosmique se donne par sa simple existence. Par contre, si vous essayez d'utiliser les gens de votre vie d'une manière contraire à l'éthique, vous leur faites du mal à eux et à vous-même, d'autant plus que leur projection énergétique et, par conséquence, l'information, se trouve aussi en vous.

Il est bénéfique d'accorder de l'importance, de la valeur et de la gratitude à chaque son à haute fréquence, généré par les *sources* infinies qui vous entourent et de mettre certaines intentions claires sur les directions vers lesquelles elles détermineront votre évolution. Vous pouvez vous rapporter d'une manière ennuyeuse et fade par rapport à un rayon de soleil, sans comprendre qu'il fusionne avec vous et vous remplit de lumière, auquel cas vous limitez sa façon divine de vous créer, ou, vous pouvez l'observer avec amour et gratitude comme une forme de *vie* qui contribue à votre élévation.

Beaucoup pratiquent la méditation à l'aide de sons, pour devenir plus équilibrés et guérir leurs *blessures intérieures*. Il ne suffit pas d'entonner certains mots, comme *Om* ou *Ram*, d'autant plus qu'en les répétant, vous vous retrouveriez dans la situation où, ils deviendraient ennuyeux, ou de les prononcer mécaniquement, dans ce cas, tout ce que vous faites n'a aucune valeur.

En outre, chaque mot prononcé a la valeur qu'on lui donne, selon la conscience que nous avons. Par exemple, si vous dites à une personne de répéter le mot *Homme*, mais sans qu'il signifie quelque chose de spécifique pour elle, elle ne va pas se sentir mieux ou plus consciente en aucune façon. Il n'est donc pas nécessaire de dire *homme* pour devenir plus équilibré, mais vous pouvez devenir plus harmonieux si vous avez l'intention que chaque mot que vous prononcez contribue à votre ascension. Pourquoi se limiter à un seul mot?

Vous pouvez faire une méditation à partir de chaque instant de votre vie, de n'importe quel son et de chaque expérience sensorielle que vous avez. Vous pouvez définir avec intention que, chaque son que vous créez soit guérissant et revitalisant pour vous et pour l'ensemble de la Création.

LA DISSONANCE DES ZONES MALADES

Au niveau du corps, sont générés des sons, facilement perceptibles, tels que le rythme cardiaque, et des sons subtils, tels que ceux émis par chaque cellule et chaque particule de vie, qui sont généralement imperceptibles. Par exemple, au niveau de la peau, on peut trouver un mélange de symphonies qui s'écoulent les unes des autres, car on ne trouve pas les mêmes types de fréquences sur toute la surface du corps.

La conscience des cellules épithéliales est également déterminée par la conscience des cellules entrant dans la composition des différents types de muscles, ligaments, os, organes, glandes, etc., qui se trouvent dans la profondeur de la région qu'elles couvrent. En d'autres termes, la peau qui se trouve au-dessus d'une entorse à la cheville ou un organe malade souffre également et crée de la musique bruyante.

Dans le corps, nous pouvons trouver une alternance de zones *saines - musicales* et de zones *malades - bruyantes* qui font une note discordante. Par exemple, l'énergie d'une dent cariée émet des sons subtils qui ne sont pas exactement mélodieux en se rapportant à ceux d'une dent saine. Au fur et à mesure que la conscience des cellules et des particules de vie dans la composition de la dent diminue, les bruits subtils s'intensifient, et physiquement la carie augmente progressivement, avec la sensibilité et la douleur devenant à un moment donné insupportable.

Le mal de dent est un symptôme par lequel vous êtes averti qu'il est nécessaire de devenir plus conscient à la façon dont vous communiquez, mais aussi à l'attention et aux soins dont votre corps a besoin. Par exemple, la vibration globale de la cavité buccale et des dents peut être diminuée par, le tabagisme, la consommation de boissons et d'aliments dont le pH est acide et dont la densité énergétique est élevée, des mots prononcés avec haine, colère ou envie, des mots exprimant une sous-estimation pour le proche et pour soi-même, commérages, querelles, jurons, problèmes de santé des autres parties du corps, etc… Faute de connaissances, beaucoup ignorent cet avertissement de leur corps et continuent à agir comme d'habitude, et se plaindraient par la suite de la situation de leurs dents.

Les sons que les cordes vocales émettent, résonnent dans tout le corps, mais surtout dans la région du cou, de la cavité buccale et de la région supérieure de la poitrine, ce qui a un effet modélisant plus intense sur eux.

Certains des facteurs qui impriment un rythme chaotique aux cellules impliquées dans l'acte de la parol par lesquelles sont transmis et résonnent les sons, sont: les mots refoulés ou non prononcé au bon moment, la dissimulation injustifiée de certaines informations, les larmes étouffées qui provoquent la sensation de nœud dans la gorge, la difficulté d'assumer la reconnaissance des erreurs, l'implication excessive dans la vie de ceux avec qui nous nous identifions, dans le sens des tentatives répétées de leur expliquer certains aspects, etc... À ces cellules, auxquelles leur acte créateur est perturbé, leurs luminosités et leurs immunités seront diminuées et leurs densités et vulnérabilités augmenteraient sous l'action de toutes sortes de facteurs nocifs et développeraient des lésions ou des maladies telles que le muguet, l'amygdalite, la laryngite, l'hypothyroïdie.

Même si vous ne dites pas à haute voix ce que vous pensez ou voulez transmettre, votre énergie pourrait subtilement, émettre l'information avec encore plus de clarté. Étant tous *un* et, en nous projetant les uns à travers les autres, il va sans dire que tout être a la capacité de recevoir, de décoder, d'enregistrer, de traiter et de transmettre à sa manière, les informations des infinités d'ondes émises partout dans le monde. Il faut cependant un état de forte présence pour pouvoir percevoir les autres au-delà des mots.

Si l'état de santé des cordes vocales est précaire en raison du tabagisme, d'une maladie ou d'une façon superficielle d'être, alors les sons qu'elles produisent pourraient influencer négativement ceux qui les reçoivent. Comprenant par cela que, la façon dont vous vous comportez contribue à créer ou à détruire ceux qui vous entourent, purement et simplement, vous vous permettez de devenir une version plus saine et plus brillante de vous-même.

Beaucoup souhaitent que le monde dans lequel ils vivent soit plus beau, mais la réalité extérieure est, l'expression du monde intérieur de chacun de nous.

Celui qui est flexible comprend qu'aucune transformation intérieure ne peut être compliquée, trop lourde ou impossible et, s'améliore à chaque instant qui passe. Toutefois, même s'il y'a un moment où, il exprime un léger trouble intérieure, il parvient à restaurer la vibration globale avec plus de facilité et à prendre les décisions qui sont compatibles avec sa croissance.

LA MUSIQUE DE VOTRE RÉALITÉ

Avez-vous déjà essayé de faire attention à ce que vous ressentez à l'égard de la musique que vous écoutez, et en fonction de cela, choisir ce qui est le mieux adapté à votre évolution?

Chaque morceau de musique représente un ensemble d'ondes d'énergie qui peut être plus ou moins bénéfique, en fonction de la façon dont vous vous y rapportez. En écoutant et en fredonnant une chanson particulière, les informations et les fréquences qu'elle transmet finissent par se manifester aussi à travers vous et arriveraient à influencer vos sentiments. Autrement dit, vous fusionneriez énergétiquement, non seulement avec votre partenaire de couple, avec les paysages que vous admirez, l'odeur des fleurs, les rayons du soleil, la nourriture que vous choisissez de consommer, mais aussi avec la musique que vous écoutez.

Les chansons sont l'expression de la musicalité intérieure de ceux qui les interprètent et de ceux qui les composent. À travers l'ensemble de l'acte de création, leurs énergies expriment une certaine dynamique en fonction de laquelle leurs vies intérieures sont générées.

Une chanson qui tend à fait surface à votre tristesse et à vos blessures intérieures, vous trouble et vous fait revivre des moments passés, durant lesquels vous avez souffert, a été créée à partir d'un état similaire, mais ne peut pas être considérée comme absolument négative, car elle vous montre les attachements que vous avez encore à certaines personnes et expériences. En échange, une chanson qui réveille en vous des émotions, des pensées et des intentions élevées qui vous remplissent de joie et d'énergie, a été créée par des individus qui ont des vies beaucoup plus profondes et complexes. Il importe à vous de décider avec quel genre de vibrations et d'informations vous choisiriez de nourrir votre âme.

Chaque cadre naturel exprime une multitude de symphonies qui sont en constante évolution. Vous pouvez choisir d'écouter la musique de la nature dont les créateurs sont les particules de vie et ses composantes qui sont: l'eau, l'air, les pierres, les branches, les feuilles, les oiseaux, etc… la musique produite par différents instruments de musique et voix, ou vous pouvez capturer votre musique intérieure dans un état profond de méditation. À un tel moment, vous pourriez percevoir, y compris la musicalité subtile des énergies qui vibrent autour de vous.

La musique intérieure se déroule à mesure que la dynamique des particules de vie qui vous composent devient plus harmonieuse et que votre corps physique exprime la grâce et la géométrie à des niveaux toujours plus élevés.

*Chaque mot a la valeur que
vous lui donnez en rapport avec
votre conscience!*

Chapitre 3

LE POUVOIR CRÉATIF DES MOTS

La potentialité de tout ce qui existe est infinie. Par conséquent, à n'importe quel niveau de l'ascension que vous êtes, vous continueriez à exprimer différents programmes, et, en même temps que votre évolution se transforme, se transforment également les croyances en fonction desquelles vous créez votre vie. Il n'y a rien de mal à manifester toutes sortes de tendances, mais il est important de ne pas se limiter à stagner uniquement au-devant d'un certain niveau.

Dire que vous êtes conscient de votre essence, c'est cesser d'obéir à toute programmation. Ceci n'est pas juste, car l'existence les englobe tous. Par exemple, pour fonctionner dans des paramètres optimaux, votre corps est créé en fonction des paramètres inscrits au niveau de l'ADN et des codes créatifs avec lesquels il est compatible. Quelles que soient les dimensions énergétiques sur lesquelles vibrent les cellules qui vous composent, chacune d'entre elles exerce ses fonctions et définit ses propriétés autour de certains programmes.

Les codes créatifs contiennent des informations infinies, mais votre conscience ne s'exprime qu'avec celles dont le niveau de brillance résonne. Votre corps est donc d'autant plus vital qu'il exprime plusieurs des informations contenues dans les codes créatifs existants. Ces informations deviendraient plus complexes avec chaque expérience par laquelle vous arriveriez à sentir et à comprendre en profondeur l'unité.

Les allégations positives peuvent aider à reprogrammer les informations avec lesquelles votre corps fonctionne. Il est essentiel de faire attention aux significations que vous donnez à tous les sentiments élevés que vous invoquez et aux fréquences desquelles vous avez l'intention de vous calibrer.

Quand vous dites que je *suis l'amour* ou *je suis l'équilibre*, vous sentez qu'il y'a un infini, au-delà de ce que vous avez ressenti et vécu et, encore plus que ce que vous croyez que ces mots signifient. L'amour que vous ressentez et englobez lorsque vous prononcez *Je suis amour* est, celui dont les fréquences, les codes el les informations, avec lesquelles vous programmeriez votre organisme.

Vous pouvez répéter mécaniquement des dizaines de fois certaines affirmations positives, mais si vous êtes réticent à les vivre profondément et si vous ne vous sentez pas aussi libre pour vibrez intensément avec, vous le dites en vain.

Le pouvoir d'alchimie et de modélisation qu'ont les affirmations, va au-delà de ce que peut imaginer celui qui se concentre uniquement sur ce qu'il croit être grossier et palpable.

Il est important de gérer vos états intérieurs, de réfléchir à ce que vous voulez communiquer et de vous poser les questions suivantes:

✓ Est-il plus approprié de se taire ou de parler?
✓ Est-ce le moment opportun de commencer ce su-

jet ou d'attendre encore quelques minutes avant que le bon contexte soit créé et qu'il devient plus réceptif?
- ✓ Quel impact ont mes paroles sur celui auquel je me rapporte?
- ✓ Comment réagira-t-il à ce que je lui transmettrais?
- ✓ Est-il suffisamment ouvert à mon message?
- ✓ Aimerais-je recevoir de telles offenses ou remarques sur le même ton, avec la même attitude et une charge énergétique similaire?
- ✓ Si je me dévoile, est-ce la bonne personne qui soit compréhensive, sage et digne de confiance?

Les mots que nous utilisons entre nous, agissent au-delà de la forme, du temps et de l'espace et nous influencent dans la mesure de la compatibilité, des attachements et des faiblesses que nous exprimons.

Toute affirmation a le pouvoir de créer ou de détruire, étant soutenue par une dynamique propre des processus psychiques, émotionnels, biologiques, chimiques, etc.., qui se manifestent au niveau du corps. Plus vous êtes plein de vitalité, plus l'information que vous transmettriez soit facilement perçue et aurait un effet plus intense.

Une grande partie des personnes âgées, ainsi que des malades chroniques, ont une vitalité considérablement diminuée, par conséquence, les messages qu'ils envoient n'ont plus assez de force pour éveiller des sentiments intenses à l'intérieur de ceux qui écoutent leurs conseils ou leur histoire de vie. C'est comme si elles parlent dans le vide, n'étant plus aussi vif et expressif qu'autrefois.

Chaque affirmation suscite une certaine attitude, posture, expressivité faciale, diction, éclaircissement, etc., tant chez celui qui l'émet que chez celui qui la reçoit.

La façon dont vous regardez quelqu'un, a un effet

modélisateur considérable et peut devenir la façon dont celui-ci finirait par se rapporter à soi-même, à ceux qui l'entourent et à vous-même.

Les affirmations que vous faites à votre sujet devant les autres, peuvent être considérées, métaphoriquement parlant, comme votre carte de visite. Par les mots avec lesquels vous vous décrivez plus ou moins proche de la réalité, vous imprimeriez à ceux qui vous écoutent des informations que vous pensez vous caractériser. Ceci dit, vous contribuerez immédiatement au façonnement de leur opinion sur vous. Par exemple, si quelqu'un vous demande *Ce que vous faites?*, et que vous commenceriez à vous plaindre, alors vous pourriez être perçu soit, comme une personne qui ne s'assume pas, qui attire souvent des expériences négatives et qui ne chérit pas sa propre vie, soit, comme une personne qui attend la miséricorde et l'aide de ceux qui s'identifient à sa situation. Par contre, si vous lui *répondiez, je me sens excellent* ou, *je profite de cette belle journée*, vous seriez considéré comme une personne épanouissante et pleine d'énergie. Dans ce cas, il est également possible de susciter l'envie de celui à qui vous parlez et, d'être influencé par les pensées et les émotions non- constructives qu'il vous émet.

Dans la situation où vous considérez que vous avez des raisons d'être triste, mais vous choisissez néanmoins de trouver la force d'extérioriser des sourires et des éclats et d'affirmer que vous êtes heureux, dans ce cas, ceux qui vous écoutent, vont former non seulement une bonne impression sur vous, mais aussi, cette approche vous aiderait à ne pas plonger dans un état négatif, qui pourrait être momentané.

Souvent, la réponse que les gens donneraient à la question, *Qu'est-ce que vous faites?* est, *Je suis bien et vous?* Ce *bien*, montre que celui à qui vous parlez est, soit insatisfait de sa propre vie, soit introverti, soit il perçoit vos intérêts cachés et choisit de garder ses distances, soit il est désintéressé ou pris au piège dans un état de monotonie et de routine, soit il n'a pas l'habitude de voir le beau de sa vie ou tout simplement il manque d'imagination et de capacité à être créatif au moment où il fait la conversation.

Il est important de sentir à quoi ressemble l'homme à qui vous parlez et de choisir vos mots à bon escient, afin que celui-ci, contribue à votre accomplissement par l'ensemble des formes d'énergie qu'il émet par rapport à vous.

L'ART DE COMMUNIQUER

Ça vous est arrivé de vous surprendre que vous affirmiez à votre sujet les expressions suivantes: *Je suis très troublé aujourd'hui, Si au moins je n'étais pas désordonné, Je ne sais pas quoi faire pour arrêter d'être chaotique, Je me sens troublé, J'ai l'impression d'avoir l'esprit dans le brouillard, Mes pensées s'envolent dans tous les sens, Je manque de clarté dans la prise de cette décision, Quel imbécile suis-je, J'ai l'âme divisée en milliers de morceaux, etc...?* Avec l'augmentation du nombre de répétitions d'affirmations à caractère limitatif que vous faites quotidiennement, la signification que vous leur contériez s'imprimerait dans votre être et pourrait avoir des conséquences néfastes pour votre évolution.

Même si à un moment donné vous souhaiteriez être plus organisé et plus clair dans les expériences que vous créez, ce ne sera pas suffisant, tant que les paramètres limitatifs que vous avez établi jusque-là, existent toujours dans votre tête.

Supposons que vous vouliez ressentir profondément la paix intérieure, et que, vous arriveriez à atteindre rarement le résultat souhaité dans l'immédiat. Il est important de regarder dans votre passé et de comprendre quels aspects vous troublent encore et lequel des choix d'autrefois influence si intensément votre présent.

Vous êtes-vous déjà demandé quelles sont les causes et quelles seront les effets en déclarant trop souvent: *Je suis nerveux depuis que je me suis réveillé, Je m'énerve facilement, J'ai du mal à être équilibré, Je suis une personne agitée et impulsive, Je stresse de tout, Je me sens mal à l'aise en sa présence..., Je ne supporte plus d'aller à ce lieu de travail et me rencontrer avec...?*

Lorsque vous êtes en compagnie de personnes sur lesquelles vous mettez des étiquettes comme étant la cause de vos états de colères, il est normal que vous ne puissiez pas maintenir votre équilibre.

Peut-être que parfois vous choisiriez de vous complaire à certaines situations qui ne sont pas compatibles avec ce que vous aimeriez faire. Par exemple, le travail que vous avez, il peut-être est stressant alors que les gens avec qui vous interagissez sont nerveux ou se comportent mal.

En voyant souvent les mêmes types de comportements, vous arriveriez à un moment donné à penser qu'ils sont naturels, à les tolérer facilement et même à vous surprendre parfois à agir de la même façon, même si, dans le passé, vous ne vous seriez pas livré à de telles situations. Vous pouvez être déterminé de rester à penser d'une autre manière, même si, vous entendriez d'autres personnes dire souvent les mêmes mots... La simple présence autour de vous de personnes qui disent ou pensent souvent des choses destructrices à leur égard et à l'égard de ceux qui sont autour, pourra vous influencer, dans la mesure où, vous n'êtes pas suffisamment concentré et que, vous penseriez qu'il est possible que vous soyez affecté par les mots qu'elles prononcent.

Il est essentiel de ne pas traiter avec rejet les états de nervosité que vous ressentez parfois, mais de les accepter dans tout leur ensemble, de comprendre les facteurs qui les déclenchent et les alimentent, sans se reprocher à soi-même, la façon dont vous vous êtes comporté.

Tout au long de votre vie, vous vous êtes peut-être retrouvé dans une situation où vous avez dû faire quelque chose de particulier pour laquelle vous avez ressenti une vague intense d'impuissance ou bien vous étiez dans la nécessite de prendre une décision et, ayant la pensée trouble vous ne saviez pas comment procéder. L'un des principaux facteurs qui a conduit à la manifestation de ces états sont les affirmations du genre, *Je ne sais pas et je ne peux pas*, que vous avez prononcé à plusieurs reprises au cours de votre vie et que vous avez entendu partout autour de vous jusqu'à ce qu'ils deviennent votre réalité.

Ceci ne veut pas dire que certains mots doivent être rejetés ou jamais utilisés. Il est important de devenir maître de vos paroles, dans le sens de les choisir comme il est plus approprié et constructif.

En choisissant d'affirmer et d'exprimer la douceur et l'harmonie au-delà de nombreux conditionnements et programmes précédemment définis, cela peut vous aider à vous concentrer sur la réalisation des objectifs que vous vous fixez.

En ayant l'impression qu'il est difficile pour vous de rester concentré sur un état d'équilibre profond et en croyant que certains facteurs extérieurs de faibles vibrations pourraient facilement perturber vos expériences, permettrait à votre géométrie d'être influencée en grande partie par les ondes énergétiques qu'ils émettent.

Il est très rare de trouver une personne équilibrée et confiante d'affirmer à son sujet qu'elle ne peut pas se concentrer, qui se stresse facilement, qui s'agite et qui ne sait pas quoi faire à des moments clés, qui a réfléchit à quelque chose et qui ne sait plus à quoi, qui oublie souvent et à qui les idées ou les mots ne viennent pas d'eux-mêmes.

Dans le cas d'un examen, le simple fait de se demander, *Si je ne prends pas une bonne note*, vous fait perdre votre concentration et matérialiser l'échec. Pourquoi devrait-il être nécessaire de mettre en évidence la possibilité d'un échec? Il est beaucoup plus précieux de *sentir* que vous êtes digne d'avoir toutes les réalisations dont vous rêvez, suite à votre éducation et qui sont le résultat de votre travail.

Lorsque vous dites que *Je dois être heureux*, vous tendez à vous fixer des objectifs, à vous mettre la pression et à créer une multitude d'attentes, ce qui rend difficile pour vous de matérialiser le bonheur. Au lieu de penser que vous *devriez...*, il est préférable d'avoir une attitude de détente, pleine de confiance et de vous dire que, *C'est normal d'être heureux*.

SURMONTER LES SITUATIONS STAGNANTES

Vous n'avez peut-être pas l'habitude de prêter attention aux détails et à la façon dont vous communiquez, mais ils sont particulièrement importants.

Bien qu'elles puissent exprimer des vérités, certaines des affirmations que vous faites peuvent amplifier l'intensité de ce que vous ressentez et vous déterminer à tourner dans la même boucle.

Avez-vous déjà pensé à ce qui se passe si vous dites: *Depuis hier, j'ai mal à la tête; Quand est ce qu'elle va me laisser la douleur abdominale?; Je n'ai pas encore guéri de...; Je suis fatigué depuis déjà une semaine; Je sens mon dos tendu depuis des années; Depuis mon enfance, je souffre et endure des difficultés; Je suis timide et honteux depuis que je me connais,* etc...?

Dans tous ces exemples, vous affirmez fermement que vous êtes confronté à une situation devant laquelle vous êtes impuissant et dont vous ne savez pas combien de temps cela va durer. Vous vous accrochez également à la détresse que vous ressentez et admettez subtilement que vous ne savez pas comment vous en sortir de cette situation, permettant aux facteurs qui ont conduit à sa matérialisation de persister indéfiniment. Ainsi, vous vous maintiendrez dans une boucle d'inconfort, de frustration, de douleur et de souffrance jusqu'au moment où, vous comprendrez que vous pouvez améliorer votre condition si vous faites des choix constructifs.

À un moment donné, le corps s'habituerait à la douleur, à la fatigue et à l'inconfort. Ces états finissent par être considérés comme normaux. Par conséquent, la douleur physique issue des souffrances, ainsi que la fatigue soutenue par les inquiétudes, le stress et les événements dans lesquels vous sentez que vous ne vous retrouvez plus, semblent perdre de l'intensité et disparaître avec le temps, alors qu'en fait, devenant de plus en plus dense et moins attentif aux états et sensations de votre corps, vous ne les percevriez plus dans toute leur ampleur.

Vous vous créez chaque instant en fonction de vos croyances, qui se matérialisent dans la mesure où vous les soutenez avec énergie.

Au lieu de faire attention à l'état désagréable que vous avez et dont vous vous plaignez, vous feriez mieux

de réfléchir aux questions que vous pourriez vous poser: *Quel est le message que mon corps veut me transmettre à travers cette manifestation? Pour quelle raison suis-je dans cette situation? Que puis-je faire pour
surmonter ma condition?*

En choisissant d'infléchir à chaque expérience que
vous percevez superficiellement et d'une façon déformée à travers les filtres de l'ignorance, de la souffrance
et de l'impuissance, vous vous calibreriez à une nouvelle normalité où la destruction peut prédominer.

En vous habituant à ressentir la douleur, vous finiriez par résonner avec les gens qui ont aussi toutes sortes
de souffrances, ce qui vous emmène à vous sentir bien,
quand vous êtes en leur présence. Par conséquent, lorsque vous voyez un homme rayonner à travers tous ses
pores, de bonheur, d'amour et de santé, il est possible
que vous ne vous sentiez pas à l'aise à côte de lui et
tendre égoïstement à imposer votre empreinte afin de
faire diminuer son éclat.

Si vous ne réussissez pas à voir votre tristesse et
votre insatisfaction, alors vous n'identifieriez pas non
plus ceux qui vous amplifieront ces états. Dans une telle
situation, il deviendra normal pour vous de vous entourer de gens qui auront un effet principalement destructeur
en ce qui vous concerne, et de rejeter ceux qui auraient
contribué à votre croissance.

Lorsque vous passeriez haut de là du niveau de
compréhension que vous aviez à l'époque où vous vous
entouriez de gens qui avaient l'habitude de concentrer
leur attention sur les aspects négatifs, vous parviendriez
à voir ceux de votre vie, exactement comme ils le sont
et vous ressentiriez le besoin de garder une certaine
distance avec ceux qui ne résonnent plus avec vous.

Il y a des gens qui se disent souvent: *Je n'ai pas la*

chance de trouver ma moitié, J'ai l'impression de ne pas apprendre de mes erreurs, Je ne sais pas combien de fois dois- je vivre de telles expériences pour comprendre que..., Cela fait de nombreuses années que je ne sais plus ce que signifie le bonheur, Il me faudra beaucoup de temps pour comprendre comment surmonter cette situation. En répétant de telles affirmations à maintes reprises, ils finiront par devenir maîtres de la matérialisation des aspects qui ne leur sont pas exactement bénéfiques, et soutiendraient ainsi leur report d'innombrables joies et réalisations pour une durée indéterminée. Ce sursis persisterait jusqu'à ce qu'ils arriveraient à se sentir dignes de vivre une réalité nettement supérieure aux situations qu'ils affirment et jusqu'à ce qu'ils commenceraient à faire confiance à leur pouvoir intérieur, qui peut matérialiser ce qu'ils ressentent et leur apporter un bonheur supplémentaire.

En affirmant: *Je ne pourrai jamais m'habituer à...* ou *Je ne peux pas imaginer comment pourrais-je sourire à nouveau après cette expérience,* vous détermineriez votre énergie à stagner dans différentes situations dans lesquelles vous penseriez, illusoirement, que vous ne pourriez pas les surmonter. Si vous n'axez pas votre attention et, par conséquent, votre énergie pour surmonter vos faiblesses, alors vous continuerez probablement à vivre votre vie en persistant dans les états que vous avez qualifiés de traumatisme, d'injustice, d'insatisfait ou de déception. Pensez-vous que cela vaut la peine de troubler et de compliquer votre vie à travers le prisme de telles expériences de moments? Pourquoi manquer la synchronisation avec une multitude d'expériences épanouissantes et révélatrices qui pourraient soutenir votre évolution?

L'imagination fait partie intégrante de tout acte créatif. Si vous ne vous imaginez pas comme un homme aimé, brillant, heureux et prospère, alors ils vous manqueraient quelques-uns des *ingrédients nécessaires* pour créer la réalité désirée. Essayer de s'imaginer dans divers états défavorables, comme celui d'un homme malade ou souffrant, a aussi un côté positif dans la mesure où vous le faites sans attachements et dans le but d'apprendre certaines leçons. Il n'est donc pas nécessaire de passer dans la vie réelle à travers un traumatisme particulier pour voir ce que c'est que de ressentir dans sa peau ce genre d'expérience, mais il peut être suffisant d'imaginer intuitivement, à partir d'un état de conscience et de clarté, comment les autres se sentent et quels sont les choix qui les ont conduits à ce point. Sinon, si vous vous troublez et vous vous perdez dans les états que vous éprouvez subtilement à travers le prisme de craintes et d'identifications puissantes, l'ensemble du processus imaginatif vous conduirait vers la matérialisation de ce que vous ne vouliez pas qu'il vous arrive.

Il vous est certainement arrivé d'entendre, de penser ou de dire que *les belles choses ne durent que peu de temps*. Croire en l'existence d'une telle réalité implique de vivre dans la peur de perdre ce qui vous comble, de s'attendre à ce que, exactement au moment quand tout va bien, il y'a risque que tout redeviendrait mal et ne pas profiter pleinement de ces moments heureux, de vous auto-saboter et d'attirer des expériences qui vous feront souffrir. En s'appropriant une telle perception, du fait que cela ne peut pas vous arriver, vous en viendrez à croire qu'il est naturel que vos moments de joie soient de courtes durées et vous renonceriez facilement à être heureux lorsque vous vous synchroniseriez avec des situations opportunes.

Tout au long de leur vie, la plupart des gens prononcent à maintes fois comment ils ont oublié diverses choses, et de cette manière, programment leur mémoire pour qu'elle soit de courte durée. En même temps, ils accumulent une multitude d'énergies denses qui ont une dynamique discordante et finissent par être fatigués ou avoir différentes maladies chroniques.

Se laisser aller à l'oubli, équivaut à manifester de moins en moins de codes créatifs existants et à se sentir petit et étranger à la connaissance qui est *une* avec vous. Ainsi, en choisissant d'oublier, bien sûr, vos cellules oublient aussi leur potentiel et le mode normal dont découleraient les processus qui soutiennent l'intégrité, la vitalité et la longévité de votre corps.

La raison pour laquelle, au fil des ans, vous oublieriez la façon merveilleuse dont vous vous sentiez quand vous étiez enfant, est le fait de devenir incompatible avec la dimension énergétique des vies et des expériences que vous avez créé à cette époque.

Plus vous êtes conscient de vous-même, plus vous vous souvenez des détails des expériences qui vous sont toujours arrivées. En échange, dans la mesure où vous avez l'habitude de tomber facilement dans divers modèles, qui rendent votre flux difficile, il y'a certaines parties de vous qui résonnent de moins en moins avec une partie de l'information et des fréquences que vous avez exprimé tout au long de votre vie. Bien que ces informations ne soient pas sorties consciemment à la surface, elles resteront enregistrées dans chaque cellule et particule de vie qui vous composent.

L'une des raisons pour lesquelles vous n'exprimez pas consciemment l'infini éventail d'informations que vous enregistrez en permanence est que, si vous n'étiez pas suffisamment concentré, vous seriez submergé par tout cela et incapable de vivre dans l'instant présent. Imaginez ce que ce serait d'avoir à vous concentrer tout au long d'un examen et, tout à coup vous surprendre que vous vivez consciemment et multi dimensionnellement des expériences et des variantes de *cet être* qui n'ont aucun rapport avec ce que vous faites en ces moments et que vous ne pouvez pas contrôler en aucune façon. Tout simplement, vous ne seriez plus en mesure d'écrire quoi que ce soit et vous échoueriez à l'examen. Au lieu de cela, vous pouvez développer votre capacité à être en mesure de choisir comment, intensément et dans quels moments, *vivre sa vie*, à partir de l'information que vous conteniez et profiter du bonheur *de l'être* éternel.

LE COURAGE DE DIRE CE QUE VOUS RESSENTEZ

L'énergie des pensées et des mots que nous prononçons a le pouvoir d'intensifier ou de diminuer l'éclat de ceux auxquels nous nous rapportons.

Pourquoi avoir honte de dire à vos proches: *Je t'aime, Je t'apprécie pour ce que tu es, Tu es merveilleux, Je suis avec toi, Je te remercie pour ce que j'apprends de toi*, etc...? Se sentant libre d'extérioriser l'amour et l'appréciation que vous ressentez envers les autres, vous les incitez aussi à s'ouvrir de plus en plus, à partager à leur tour leurs beaux sentiments.

Lorsque, par pur sentiment, vous dites à quelqu'un qu'il est beau, vous générez des ondes d'énergie qui ont le pouvoir de le façonner pour exprimer encore plus de beauté, tout en renforçant sa confiance dans son processus de création. Si vous réfléchissez sur le fait que la source de ces ondes d'énergie qui l'ont aidé c'est bien vous-même, vous comprendriez qu'en ces moments, non seulement votre beauté apporterait à la Création une beauté supplémentaire, mais aussi le fait que vous, en tant que source d'énergie, aviez grandi dans la beauté. Cela se produit parce qu'à ces moment-là, vous vous ouvrez à la beauté créée par les formes de vie infinies existantes avec lesquelles vous résonnez et qui sont projetées dans chaque élément qui vous compose. De même, les effets des ondes que vous créez sont comme un écho qui se propage à jamais au-delà de la forme, du temps et de l'espace.

En contribuant à augmenter la beauté d'innombrables êtres qui ont résonné, résonnent et résonneront avec vous, il va sans dire que même la lueur de tout ce que vous êtes, devient une expression de tout ce qui s'est passé, de ce qui se passe et qui se produirait à la suite *des graines que vous avez semé*.

Il y a aussi des situations quand, d'une manière fausse et par intérêt, des déclarations d'amour sont faites, seulement, leurs valeurs réelles et leurs effets ne sont pas justement l'expression des apparences, mais l'expression de ce qui est ressenti et transmis dans la réalité.

Prenons l'exemple du mari qui dit de complaisance à sa femme, qu'il l'aime et qu'elle est belle, alors qu'il ressent et pense le contraire. La femme intercepte subtilement l'énergie des pensées qui lui ont été transmises, de sorte qu'elle sent cela et ne ferait pas entièrement confiance dans les paroles du mari, et son corps réagirait en conséquence, en extériorisant et en matérialisant à la fois les énergies reçues et ce qu'elle ressent à ce sujet. Comme elle se sous-estime et choisit de se voir à travers les yeux de son mari, même si, elle a apparemment reçu un compliment, sur fond de méfiance, elle se sentirait encore moins belle, mal aimée et non appréciée, et ses qualités physiques vont pâlir petit à petit.

L'amour que vous ressentez et que vous essayez d'exprimer à la personne aimée peut être ressenti instantanément par elle, même si elle se trouve à des milliers de kilomètres de vous, elle va se sentir heureuse et l'amour va lui envahir tout son être.

Vous vous créez majoritairement selon la façon dont vous choisissez de voir la beauté, alors que les appréciations qui vous seront adressées par ceux qui vous entourent, auront le pouvoir de vous limiter ou de vous propulser à un niveau beaucoup plus élevé.

Étant donné que la beauté a une infinité de niveaux qui peuvent être atteints et que chacun de nous est subjectivement adapté à la compréhension et la connaissance qu'il a atteint, ce que, de votre point de vue vous trouvez être beau, du point de vue d'un autre, peut être laid et vice versa.

Les niveaux de beauté que vous jugez idéals sont comme un ensemble de filtres par lesquels vous contemplez la multi dimensionnalité de la réalité environnante. Lorsque vous dites à quelqu'un à quel point il est beau et merveilleux, vous transmettez en même temps, l'information de votre empreinte énergétique et les modes dans lesquels vous créez et détruisez, en fonction de vos croyances et perceptions à l'égard de ces attributs.

Vous pouvez transmettre l'amour que vous ressentez même au-delà des mots, par des regards, des respirations, des attitudes, des actes. D'ailleurs, votre simple présence est une expression de l'amour dont les fréquences vibrent à travers vous. Une fois que vous vous en rendiez compte, vous ne ressentiriez plus si intensément le besoin d'utiliser une multitude de mots à prononcer superficiellement, dans lesquels vous vous perdriez et à travers lesquels vous vous exprimeriez et manqueriez la magie de l'instant.

Parfois, le silence est beaucoup plus intense et expressif que les affirmations considérées comme précieuses ou élevées. Au-delà d'un certain niveau, vous vous rendriez compte que toute appréciation que vous pourriez prononcer à l'égard de quelqu'un, finit par être si petite que vous ressentiriez le besoin de garder le silence.

Bien que cela semble être une contradiction, il est important que, depuis la tendre enfance, on vous insufflez le désir d'affiner vos qualités et de grandir suivant plusieurs plans, même à travers des mots d'appréciation. Si on ne vous disait jamais que vous étiez gentil et intelligent, non seulement vous ne vous verriez pas comme ça, mais vous ne chercheriez même pas à grandir en cette manière. Dans une telle situation, vous vous laisseriez aller au bon grès et resteriez médiocre.

LE JUGEMENT DE VALEUR

Le jugement de valeur n'est pas quelque chose que vous pouvez dire de la manière absolue qu'il est faux ou devrait être rejeté, celui-ci se fait en fonction de votre conscience, des filtres par lesquels vous surprenez *la vie*, des perceptions préconçues et des idées que vous avez, des principes que vous suivez, de votre discipline intérieure, etc…

Même lorsque vous faites des choix, vous émettez des jugements de valeur à l'aide desquels vous établissez qu'est-ce qui est adapté à votre croissance, compatible avec les désirs et les rêves que vous avez, bénéfique pour votre santé, etc...

L'émission de jugements de valeur est essentielle et se fait au niveau de chaque cellule qui vous compose. Ne pas juger du tout, c'est ne pas exister, car *la vie* implique aussi ce processus.

Juger judicieusement vous aiderait à identifier et à

éliminer, point par point, les facteurs qui contribueraient à amplifier le chaos en vous et à élever les aspects qui donneraient un meilleur sens à votre vie.

Ainsi, le jugement de valeur a une dimension constructive dans la mesure où vous concentreriez votre attention sur la manifestation de votre pouvoir d'une manière principalement créative et compreniez que vous avez une contribution considérable non seulement sur votre vie, mais sur la Création.

En étant prédominant créateur, vous apprécieriez le Divin et voyiez le beau de chacun. En revanche, si vous tenez à être destructeur, chaotique et négatif, alors vos jugements de valeur seront critiques, destructeurs et changeants. Il est bénéfique de ressentir quand est-il approprié de mettre en évidence les faiblesses de ceux qui vous entourent afin de les motiver à devenir une meilleure version d'eux-mêmes, au cas contraire, vous pouvez rendre leur évolution difficile. Le moment opportun peut également être déterminé en fonction de la flexibilité, de l'ouverture et de la positivité de celui à qui vous vous adressez.

Même si vous touchez à certaines vérités lorsque vous dites à quelqu'un: *Vous êtes facilement influençable, Vous ne pensez qu'à vous-même, Vous ne me comprenez pas*, vous omettez le fait que, d'une part, celui en question est votre reflet d'une certaine façon, et d'autre part vous lui amplifiez les états que vous invoquez et mettez en évidence.

Au lieu de faire toutes sortes d'accusations, vous pourriez remplacer les remarques susmentionnées par, *Soyez plus sûr de ce que vous ressentez et pensez! Vous pourriez accorder plus d'attention à la façon dont vos actions et vos paroles m'influencent, Je serais heureux si vous essayiez de mieux me comprendre.*

Il y a des situations où, la critique est comme une réponse à votre fort désir de surmonter vos conditionnements, touchant et détruisant les programmations limitatives qui vous ont maintenu dans la même boucle d'impuissance et d'ignorance.

Tout comme la critique a le potentiel de détruire ce qui n'est plus nécessaire pour vous ou d'amplifier vos faiblesses, en contribuant à votre déclin, les mots d'appréciation ont la capacité de renforcer votre ego ou de soutenir même la force de floraison. C'est à vous de décider comment vous choisissez de vous rapporter à tout cela.

La nature nous montre qu'un être végétal, avec des racines fortes et bien ancrées dans le sol, s'adapte facilement, et non seulement, il résiste à des conditions météorologiques hostiles, mais aussi a un pouvoir intense à se régénérer et à croître en peu de temps à des dimensions considérables, même dans le cas de la section de la tige.

Aussi dures que soient leurs épreuves, les personnes puissantes ne permettent pas que les jugements *acides* des autres de les affecter et trouvent toujours les ressources nécessaires pour s'en sortir facilement, étant bien ancrées dans leurs principes, elles expriment beaucoup plus purement les vérités universelles.

Métaphoriquement parlant, vous pourriez comparer ces gens au lotus, leur environnement à l'eau d'un étang, et les critiques qui les ciblent avec les boues qui se déposent au fond de l'étang. Sans boues, le lotus ne pourrait pas exister. Se sentant dépassé par les boues et lui donnant une ampleur beaucoup plus grande qu'elle ne l'a réellement, vous ne pouvez pas vous élever au-dessus, vous ne fleurissez plus et vous ne donneriez plus de la beauté qui est en vous.

La souffrance fait partie de notre processus de floraison et a la capacité d'amplifier notre bonheur et notre vitalité.

La façon dont on critique est très importante aussi. Vous pouvez critiquer d'une manière facile à accepter ou d'une manière acide qui a le potentiel de détruire. C'est une grande différence entre dire à propos de quelqu'un *qu'il est stupide* ou, au contraire, *qu'il a du potentiel, et s'il montrait plus d'intérêt, il pourrait devenir plus intelligent.*

La dureté avec laquelle vous jugez est déterminée par la fréquence et l'intensité de la haine avec laquelle, ceux avec qui vous avez grandi faisaient les critiques, qu'il s'agisse de membres de votre famille, d'enseignants ou de camarades de classe. Par exemple, en entendant fréquemment des critiques à l'égard de ceux qui ne sont pas des intellectuels, il y a une probabilité assez élevée pour que vous finissiez aussi par rejeter ceux qui ne s'encadreraient pas dans cette catégorie et à vous juger pour les moments où vous êtes ou que vous sembleriez être en dessous des normes que vous vous êtes fixées dans ce sens.

En réalité, vous ne pouvez pas dire qu'il y'a un homme qui n'est pas du tout intelligent, d'autant plus que l'intelligence est de toutes sortes. Même s'il vous semble qu'une personne n'excelle pas dans certains domaines selon vos attentes, et que vous vous précipiteriez à l'étiqueter, il se peut qu'elle ait d'autres qualités, certaines, que vous ne connaissez peut-être même pas.

Le simple fait que le corps parvient à être plein de vitalité, à se transformer, à fonctionner si bien et à évoluer, est l'expression de son intelligence. Nous parlons donc d'une intelligence en termes d'exécution des fonctions et de contournement des propriétés de chaque élément constitutif du corps.

Les gens qui ont un beau corps sont aussi très intelligents à cet égard. Nous parlons ainsi d'une intelligence de beauté. Si, dans le cas de certains, le corps entier est l'expression de la beauté, dans d'autres cas, seules certaines parties peuvent se créer d'une manière plus agréable du point de vue visuel. Ainsi donc, nous rencontrons des gens qui ont le nez, les lèvres, les sourcils, les pommettes, la peau ou les mains particulièrement belles.

L'intelligence est également de nature émotionnelle, certaines personnes parviennent à être très expressives et à induire facilement les émotions des êtres se trouvant autours.

Ceux qui ont une acuité visuelle et auditive exceptionnelle, qui distinguent facilement les saveurs et les odeurs et perçoivent les touches parmi les plus fines, ont une intelligence sensorielle particulière. La mémoire sensorielle est également de plusieurs sortes, certaines personnes excellent quand il s'agit d'apprendre, utilisant la mémoire visuelle ou auditive. Ceux qui connaissent le braille ont une intelligence tactile particulière, alors que les gens *ordinaires* négligent cette capacité, qui, peut-être perfectionnée bien au-delà du pouvoir d'imagination qu'ils ont. Vous n'avez pas nécessairement besoin d'avoir certaines affections pour élever certains sens ou compétences. Peu de gens savent que si, vous exerceriez tous vos sens dans le processus de mémorisation, alors même les informations que vous retiendriez seraient plus nombreuses et plus complexes.

Les personnes qui maintiennent leur corps en équilibre dans des positions ou des conditions difficiles ont une intelligence d'équilibre. Ceux qui sont très habiles ont une intelligence de réflexes et d'orientation spatiale. Les grands peintres sont des maîtres de l'intelligence des couleurs, des formes, des volumes, des ombres, des lumières.

Chaque être vivant est privilégié par un large éventail de types d'intelligences, mais les pourcentages et la manière dont il les exprime sont variés et oscillent d'une situation à l'autre.

Nous exprimons tous un certain niveau d'intelligence, donc dire à un homme qu'il est stupide n'est pas tout à fait juste.

Souvent, la critique est caractéristique des gens rigides et malades, qui sont dans un état intense de tension, et non de ceux qui sont heureux, en bonne santé et détendus qui donnent vie à partir d'un *trop plein*. Fondamentalement, lorsque vous critiquez et offensez, vous vous faites contracter non seulement le champ énergétique mais aussi la plupart des cellules. Dans la mesure où vous êtes méchant avec vous-même, vous le seriez aussi avec les autres, mais plus vous vous acceptez, plus vous acceptez les autres.

Ayant l'habitude de vous plaindre de différents aspects de l'existence, sans trop rentrer dans les détails, parfois, il peut être troublant et ennuyeux pour vous, d'écouter les autres raconter leurs mécontentements.

Il y'a des personnes qui se plaignent de leur apparence physique depuis des années. Bien qu'elles rêvent d'avoir un corps plus sain et plus tonique, elles ne font pas grand-chose dans ce sens, trouvant des raisons et des excuses pour se complaire dans l'impuissance à réaliser leurs souhaits.

Vous feriez mieux de trouver quelque chose de constructif à faire, plutôt que de supporter l'attitude de ceux qui ne font que se plaindre ou de rentrer dans leur jeu.

Quand vous critiquez une personne, vous vous critiquez aussi, car cette personne est *un ensemble* avec vous. Il vous projette et reflète certaines de vos faiblesses et qualités. Il semblerait que vous soyez très facile à vous allumer, seulement, un homme équilibré fait preuve de compassion et comprend, quand l'autre se complait dans l'ignorance, le traitant avec douceur, tel un *enseignant*.

Chacun esquisse sa propre réalité à travers le prisme d'un moyen unique de se rapporter à l'existence. Par conséquent, si une chose peut être juste pour quelqu'un, pour une autre, elle peut être erronée.

Croyant qu'ils se rendent justice et qu'ils trouvent un équilibre, certaines personnes se rapportent avec malveillance avec ceux qu'elles croient ayants tort, espérant qu'à leurs tours ils vivront des expériences qui leurs apporteront souffrance et douleur. Elles ne comprennent pas que chacun obtient ce qu'il mérite, ce qu'il pense être son dû ou ce qu'il offre, selon les choix qu'il fait, des choix qui peuvent parfois être téméraires, des choix faits dans la précipitation, à travers le prisme de certaines identifications. Elles ne cherchent pas non plus à équilibrer la balance et, le plus souvent, faute de connaissances et d'équilibre, elles peuvent envoyer à la personne concernée des ondes d'énergie à faibles vibrations qui ne coïncident pas avec ce qu'elle aurait mérité de recevoir.

Tout ce que vous souhaiteriez à quelqu'un dans un sens négatif ou positif, au-delà de ce qu'il est approprié d'attirer, se matérialiserait en fonction de la compatibilité, et tout cela, aura aussi un effet sur vous.

L'Univers fonctionne selon la loi de l'équilibre, de sorte que, tout s'harmonise au bon moment et sous la bonne forme, même si parfois vous seriez surpris dans vos attentes ou en d'autres fois, bien déçu.

Lorsque vous voulez le mal, vous créez et envoyez

d'une façon personnalisée des ondes d'énergie à basses fréquences qui se répercuteraient non seulement sur vous, mais aussi sur celui pour lequel vous ne manifestiez pas assez d'amour. Si son éclat est bien au-dessus de la haine par laquelle il est ciblé, il ne sera en aucune façon affecté, alors que celui qui a prononcé ces mots à tort deviendra victime de ses propres mots.

Pourquoi devrait-il leur arriver pendant tout le restant de leur vie, des expériences principalement négatives, à ceux qui vous ont fait à un certain moment du mal? Simplement parce que vous le voulez? Peut-être qu'une partie d'entre eux ont surmonté leur condition et sont devenus beaucoup plus brillants qu'ils ne l'étaient à l'époque où vous prétendiez qu'ils vous avaient fait du mal.

D'autre part, vous êtes-vous déjà demandé:

- ✓ Quelle est votre part de contribution à tout ce qui vous arrive, que ce soit pour votre croissance ou votre décadence?
- ✓ Si d'autres sont méchants avec vous, pourquoi les attirer dans votre vie?
- ✓ Y'a t-il des moments où vous êtes aussi mauvais, que ce soit envers vous-même ou envers les autres?
- ✓ Etes-vous aussi conscient, afin de déceler les intentions négatives des autres envers vous?
- ✓ Que vous vous sous-estimez et vous ne vous respectez pas autant que vous le méritez et permettez aux autres de passer outre vos aspirations, vos désirs, vos rêves et vos joies?
- ✓ Croyez-vous que vous n'êtes pas tout à fait digne d'être aimé et chéri?
- ✓ Que vous vous complaisez parfois dans le rôle de victime ou d'homme faible, qui peut être consi-

déré comme une proie facile par ceux qui veulent profiter des autres?

Les questions peuvent continuer, mais il faut essayer de comprendre la cause pour laquelle vous traversez des situations où vous vous sentez lésé et même incompris.

Vous ne pouvez en aucun cas avoir raison à 100 %, étant donné que les réalités, les vérités et les perspectives avec lesquelles vous pouvez voir l'existence sont infinies et, même si vous essayez d'élargir vos horizons, il y en aura toujours de plus en plus.

Dans n'importe quelle direction vous rechercheriez, vous ne trouveriez pas de point final en face duquel vous vous arrêteriez et diriez que, vous avez tout compris. Donc, même si une personne se trompe envers vous selon vous, à travers d'autres perspectives, elle a agi correctement et peut-être, qu'en plus de ce que vous perceviez être une injustice envers vous, il y avait d'autres actions justes envers elle ou envers les autres.

Les effets de certains désirs découlant de la méchanceté, se répercutent toujours sur leurs auteurs.

Un jugement beaucoup plus proche de la réalité est constructif et vous évite les souffrances qui peuvent être écrasantes et qui peuvent contribuer à votre décadence.

Selon la façon dont vous vous jugeriez, vous tendriez à critiquer ceux dans votre vie, et plus vous augmenteriez votre niveau de conscientisation, plus vous deviendriez un juge sage, juste et complexe.

Si vous n'êtes pas conscient de la façon dont vous vous jugiez, alors regardez comment vous vous rapportez aux autres. *Aussi juste et aimant que vous soyez face à vous-même, vous agiriez de la même façon avec les autres.*

Vous allez constater que pour certaines personnes,

vous ne vous souciez pas de façon critique et malveil-
lante, tandis que pour d'autres, vous vous allumez rapidement et vous pouvez difficilement vous empêcher de
leur envoyer des pensées négatives. Un des facteurs qui
vous pousse à être espiègle envers certaines personnes,
c'est qu'elles sont elles- mêmes principalement espiè-
gles et féroces, et leurs ondes touchent et amplifient en
vous des aspects similaires sur lesquels vous avez aussi
l'habitude de concentrer votre attention.

Il se peut qu'en période de troubles intérieurs, vous
considéreriez que vous agissiez d'une manière juste,
que vous aviez fait plus de mal que vous le devriez ou
que vous aviez commis une erreur même si ce n'était
pas tout à fait le cas. En jugeant mal que vous n'avez
pas à être tenu responsable de vos actes, que vous
devriez payer un prix beaucoup plus élevé pour ce que
vous avez fait ou, que vous devriez vous sentir coupable,
sans que cela soit le cas, vous faciliteriez la matérialisation d'expériences inappropriées qui accroient votre
état de décadence et de flou.

Il est préférable de ne pas faire de choix importants
lorsque vous êtes trop excité, en colère, furieux ou que
vous n'ayez pas un bon état général, car en raison d'une
identification prononcée, le chaos intérieur deviendra
plus intense et vous n'aurez plus la clarté nécessaire.
Dans une telle situation, vous serez comme une eau
où, une pierre vient d'être jetée et sur la surface de laquelle vous ne pouvez pas voir avec précision le reflet
des étoiles et de la lune. C'est pourquoi il faut d'abord
attendre que les vagues générées fusionnent en harmonie
et en acceptation avec l'ensemble d'où elles sont appa-
rues.

Chaque fois que vous êtes anxieux, peu importe
la clarté des images que vous contemplez, des vérités
ou des expériences dont vous êtes témoin, il n'y a au-

cun moyen de les percevoir comme elles le sont réellement. Pourquoi vous vous entêtez donc à rester dans de tels états si elles ne vous sont pas bénéfiques?

Chaque choix est important, aussi insignifiant soit-il.

Les effets des faits produits par un jugement déformé, accentuent vos souffrances et vos déceptions, tandis que les effets des pensées, des émotions, des actions et des choix découlant d'un jugement plus pur, vous apporteraient un équilibre supplémentaire.

Si, depuis l'enfance, vous avez grandi dans un environnement pauvre, où l'on vous a appris à croire que vous ne méritiez pas mieux, que vous ne pouviez pas attirer plus de prospérité, que vous n'étiez pas digne d'être aimé et heureux, etc… alors, vous vous retrouveriez dans la situation de vous juger de la même manière. Par conséquent, vous vous construisez d'une manière qui n'exprime pas beaucoup la réalité, étant donné que le potentiel de chaque forme de vie est infini et qu'il appartient à chacun de décider où choisirait-il de fixer ses limites.

Les erreurs font partie du processus d'apprentissage. Rejeter cette réalité implique d'obéir à des états de tension et de souffrance sans que ce soit le cas, mais cela ne signifie pas que vous devriez porter cette vérité à l'extrême et vous complaire dans l'erreur, considérant que c'est normal. Une bonne approche serait que, lorsque vous vous trompez, réfléchissez à la situation et essayer de comprendre ce qui est nécessaire de faire pour devenir une meilleure version de vous-même.

Il est très simple de vouloir que les autres paieraient pour les erreurs que vous pensez vous avoir faites, d'autant plus qu'interviendra l'insouciance et l'ignorance, mais comment pouvez-vous vous sentir quand il s'agit de payer pour les erreurs que vous faites aux autres?

Souhaiter le mal aux autres ou attendre que quelque chose de douloureux leur arrive dans l'idée de payer pour les erreurs qu'ils ont faites, n'est pas bénéfique pour vous, étant donné que, vous perturbez votre état intérieur. En mettant l'accent sur la dimension énergétique des erreurs, vous serez influencé par les vibrations qui peuvent vous emmener, au niveau subtil, à vous tromper facilement.

Aucun corps ne possède deux cellules identiques, c'est pourquoi chaque forme de vie est unique, néanmoins, il peut arriver que parfois, vous vouliez qu'une personne en particulier paiera pour ce qu'elle a fait, avec la même monnaie et dans la même mesure. Un tel désir sera né d'une impulsion momentanée, d'un état d'envie, de colère et de chaos dans lequel la clarté des vies est remplacée par des turbulences.

Il y'a des situations où, la personne que vous blâmez vous fait plus de bien que de mal, seulement:

- ✓ Il est possible que vous, vous soyez celui qui, en raison du tumulte intérieur, nai pas la clarté de voir au-delà des apparences;
- ✓ Vous choisissez de ne voir que les erreurs;
- ✓ Commettre une erreur involontaire ne mériterait pas une punition aussi lourde que vous le pensiez et attendiez;
- ✓ Commettre une erreur involontaire ne mériterait pas une punition aussi lourde que vous le pensiez et attendiez;
- ✓ Peut-être que ce qui vous est arrivé est une leçon qui équilibre la balance et qui vous montre que vous avez fait de même dans le passé;
- ✓ Vous devriez comprendre que vous attirez des personnes qui vous offrent des expériences diffé-

rentes et que vous pouvez ainsi prendre conscience des aspects qui nécessitent des améliorations.

Vous pouvez faussement croire que vous avez à payer pour une action qui est loin d'être une erreur ou que quelqu'un doit vous faire payer pour quelque chose qui était exactement ce que vous méritiez. Une telle pensée peut vous permettre ou permettre à celui blâmé de synchroniser avec des expériences défavorables qui, si elles n'avaient pas été attirées, n'auraient même pas eu lieu.

Pourquoi continuer à émettre des pensées négatives sur des gens qui, tout au long de votre vie, ont été et continuent d'être vos *enseignants*, quoique vous les considérez peut être encore comme étant des obstacles. En réalité, ils vous donnent des impulsions qui favorisent l'élargissement de vos horizons, même si, souvent vous les étiquetiez comme des difficultés, des problèmes ou des souffrances. Même si à un moment donné, leur conscience était plus étroite, entre temps, ils ont évolué et ne procèdent plus de la même façon.

Le simple fait de comprendre que chacun attire des conséquences ou des opportunités en termes de niveau auquel il se trouve, vous amène à ne pas penser à ce que vous aimeriez qu'il arrive aux autres.

Les lois de l'Univers sont justes pour chacun de nous, même si nous pensons parfois que ce n'est pas le cas.

COMMENT L'ENFANCE VOUS DÉFINIT

Les parents qui pensent qu'il suffit de nourrir, de toiletter et de former leurs enfants seulement physiquement ont tort.

Alors que l'alimentation *physique* ne se fait que quelques fois au cours d'une journée, l'alimentation *subtile* se fait sans cesse. L'environnement même dans lequel vous vivez est une source d'énergie. Donc, si vous vivez dans un environnement essentiellement toxique et que vous résonnez avec l'ensemble des fréquences et des informations qui le définissent, vous attireriez partout du Multivers, des ondes d'énergie dont l'impact rendrait difficile votre ascension.

En vous identifiant à la relation que vous avez avec vos proches, et à leurs façons de se rapporter à leurs propres expériences, ils auront un impact significatif sur vous.

Étant donné que nous nous créons les uns les autres, tout ce que les gens émettent d'un point de vue énergétique subtil au sujet de leurs propres enfants ou des enfants des autres peut devenir réalité.

Les adultes qui transmettent honnêtement et affectueusement aux enfants qu'ils sont brillants, géniales, beaux, débrouillards, courageux, forts, etc… influenceraient leurs matières avec les codes créatifs et les informations qu'ils émettent en ces moment-là. En inculquant à un enfant de façons répétées qu'il a différentes qualités, vous lui imprimeriez profondément les vibrations des vertus que vous voudriez lui inculquer.

À l'opposé, si enfant, vous entendiez souvent votre mère se plaindre de vous aux autres, en leur disant, *Mon enfant ne parle toujours pas, Il me ressemble, étant le même..., Il n'aime pas du tout apprendre, Il ne veut pas m'écouter à chaque fois que je lui dis de..., Il tombe malade très souvent et ne guérit que si...,* etc... Et que vous vous soyez identifié à ces affirmations, vous arriveriez à vous voir et à vous manifester ainsi.

LA VERTU D'ÊTRE ASSUMÉ

En raison des conditionnements profondément enracinés, beaucoup choisissent d'être non assumés, de croire davantage au pouvoir des autres, de trouver des excuses pour la situation dans laquelle ils se trouvent, de blâmer les autres et de répéter ce qui suit: *C'est la faute aux parents si je ne suis plus confient, Il m'arrive souvent d'être pris au dépourvu car les autres ne sont pas attentifs, A cause de mon mari, je ne me retrouve plus, je ne me sens plus belle et j'ai perdu mon estime de soi, C'est à cause de lui que je suis dans cette situation*. Ayant une telle vision de la vie, bien entendu, leur évolution ralentirait considérablement, d'autant plus qu'ils ne réussissent pas à se voir comme ils sont, pour faire des choix constructifs à leur égard.

Peu importe comment les autres se rapportent envers vous, après tout, c'est vous qui choisissez comment réagir à leurs paroles. Vous pouvez vous sous-estimer et diminuer le potentiel que vous manifestez, ou vous pouvez ne pas tenir compte de leurs paroles et faire comme vous, vous sentez.

Vous êtes le principal responsable de la façon dont vous créez votre vie, gérez vos expériences ou répondez aux situations que vous attirez.

Quand vous affirmez: *Dieu, je vous promets que je ferai... et je serai... mais s'il vous plaît donnez-moi...,* vous vous tournez en fait vers une forme subtile de chantage et ne pas assumer les résultats de vos actions et de votre devenir. Si vous n'obtenez pas ce que vous avez demandé, il est naturel que vous ayez par la suite la possibilité illusoire de vous rebeller, de vous victimiser, de vous absoudre de toute responsabilité et d'avoir qui blâmer et tenir responsable.

Certains disent *Que peut être, dieu va me donner une maison, la santé et le bonheur.* Une telle approche consiste à céder le pouvoir personnel et la complaisance dans un état d'attente, celui où, vous renonceriez à faire quelque chose pour vous-même avec l'espoir qu'à un moment donné quelqu'un vous donnerait ce que vous exigez.

C'est à vous de fixer vos limites et accepter ou rejeter de vous percevoir comme vous perçoivent ceux qui sont autours, étant plus ou moins influencé par l'environnement dans lequel vous vous trouvez.

Si vous voulez améliorer votre situation financière, alors vous devriez élever votre vie, faire une multitude de nouveaux choix qui découleront d'une connaissance beaucoup plus complexe, et entreprendre certaines actions qui correspondraient au niveau d'abondance que vous voudriez atteindre.

Vous avez la santé sous une certaine forme depuis votre naissance, mais cela dépend d'abord des effets des choix que vos ascendants font, à la fois, en ce qui les concerne et en ce qui vous concerne, ainsi que, du niveau de brillance de l'environnement dans lequel vous vous développez. En grandissant et en voulant vous laisser conquérir d'une façon assumée, votre liberté d'être, votre santé, dépendrait en particulier des choix que vous feriez et de l'environnement dans lequel vous choisiriez de vivre et à quel processus créatif vous contribueriez.

Le bonheur est un choix, tout comme la souffrance. Dans la mesure où vous choisissez de profiter de la vie, vous attirez des gens heureux et des expériences qui vous apporteraient un bonheur supplémentaire.

D'autres disent facilement, sans ne se donner aucun effort: *Je ne sais pas comment résoudre ce problème, alors que vous, vous savez certainement. Vous ne voudriez pas m'aider et me dire comment faire?*. Partant du principe que les autres sont meilleurs que vous et que vous ne savez pas quoi faire à des moments clés, vous vous complairiez dans l'ignorance et dans l'incrédulité. Dans la mesure où vous choisissez de vous priver de nouvelles expériences, d'avoir une attitude de lâcheté et de ne pas avoir confiance en soit, vous contribuerez de moins en moins à élever votre potentiel. À un moment donné, il serait possible que vous commenciez à dépendre des autres ou que vous profitiez de ceux qui s'avèrent faciles à vous offrir de l'aide, mais une telle attitude ne vous servirait à rien.

Pourquoi être superficiel et ne pas s'impliquer totalement dans votre vie? Pensez-vous qu'il soit éthique que quelqu'un d'autre fasse à votre place ce qui tient de vous? Si vous ne choisissez pas d'être l'auteur principal de votre vie, qui le sera?

Les événements que vous attirez sont avant tout pour vous, donc vous devriez trouver les solutions. Si quelqu'un d'autre vous donne les réponses, où est votre contribution? Comment apprendre vos leçons?

Bien sûr, il y a aussi des moments où demander conseil à quelqu'un de plus sage, peut être une action intelligente, mais, il est très important de ne pas dépendre de l'aide des autres, et de pouvoir se débrouiller tout seul.

En disant souvent: *Si je perds, Je vais essayer, mais je ne sais pas si je vais réussir* ou *Si ma situation ne s'améliore pas…* vous admettez qu'au niveau subtil, vous ne faites pas confiance à votre force, vous avez des faiblesses et des incertitudes et vous ne pouvez pas vous imaginer dans la posture de réussir. Au fur et à mesure que vos faiblesses se transforment en pouvoir, il va de soi de dire: *Certainement que...*, *Je peux...*, *Je sais...*.

On peut observer une différence notable entre celui qui a formé un automatisme de se plaindre toute la journée et de dire qu'il ne peut pas et ne sait pas, et celui qui affirme son pouvoir à travers chaque mot prononcé avec beaucoup plus de conscience.

Si vous voulez vous libérer d'une certaine dépendance, tout en continuant d'affirmer: *Je n'ai pas la volonté, Je ne pense pas que je vais réussir, Je suis un fumeur depuis trop longtemps et j'ai du mal à arrêter les cigarettes d'un coup, C'est rien si je fume une cigarette de temps en temps, Je suis comme ça, de faible caractère, Je ne suis pas assez fort*, vous ne pourriez changer vos choix et votre dynamique énergétique que dans une très faible mesure, ce qui, de toutes façons, ne fera pas une grande différence.

Cela n'a aucun sens à ce que vous vous proposeriez de perdre du poids si vous vous dites quotidiennement de diverses façons, plus ou moins subtiles: *Je suis gros, J'ai du mal à perdre du poids, Je pense que je ne vais jamais perdre du poids à nouveau, Je suis comme mes parents qui ont eux aussi été gros toute leur vie, Je n'ai pas la volonté de perdre du poids, J'ai du mal à abandonner le sucre.* Il y a toujours, une multitude de solutions, aux problèmes auxquels vous faites face.

Par la répétabilité des affirmations suivantes: *Je ne veux pas savoir, Je ne veux pas connaître, Je ne veux pas penser à..., Je ne veux pas faire...*, ainsi que, dans la mesure où vous y croyez, vous implémenteriez certains paramètres qui continueront à vous limiter dans tous les aspects de votre vie. Autrement dit, vous diminueriez du pouvoir d'*être* et de *matérialiser*.

Imaginez un espace infini comprenant une multitude d'escaliers situés à une distance considérable les uns des autres. Pour évoluer, la vie nous offre déjà des étapes, des appuis stables qui nous apportent un équilibre supplémentaire. Cette aide nous soutient dans les processus de création afin que nous ayons le bon environnement pour construire de grandes choses. Cependant, pour que les marches déjà existantes prennent la forme d'une échelle que nous pouvons monter, il est nécessaire que nous contribuerons nous aussi, avec quelque chose, pour notre croissance, construire une partie de nos marches, être persévérant et continuer à monter, écouter notre intuition, etc.

L'existence est à nos côtés, mais la question qui se pose est la suivante: Que faire pour assurer un flux et une sécurité entre ces étapes? Selon le chaos intérieur et les difficultés rencontrées tout au long du chemin de notre vie, il est possible que, les marches que nous construisons, puissent être instables ou mises au mauvais endroit, ou, dans une mauvaise position. Dans ce cas, il va de soi que l'effort que nous faisons serait grand, et que la fatigue et la douleur seront intenses. Ceci arrive lorsque nous voulons nous reposer sur les marches que nous avons mal placé, dans une position difficile, étant obligé de rester tendu dans différentes postures pour stabiliser la marche qui vacille avec nous.

En prenant les mauvais repères, en abandonnant facilement, en ayant la perception que tout se fait avec difficultés et avec beaucoup d'efforts et en n'étant pas confiants, soit nous avancerions avec difficulté et nous créerons illusoirement certains obstacles, soit nous stagnerions longtemps dans une posture particulière, soit nous tomberions dans des états ou des situations dont nous croyons que nous ne pourrions plus nous relever, étant donné que nous sommes très instable et que nos oscillations sont soudaines et chaotiques.

L'AFFIRMATION DE LA RICHESSE

Certaines personnes ont l'habitude de s'expliquer superficiellement sur la situation matérielle précaire dans laquelle elles se trouvent, en affirmant: *Je suis pauvre parce que ça ne marche pas bien pour moi, Apparemment je n'ai pas de chance dans la vie, Comment puis-je surmonter ma condition alors que toute ma lignée était de gens qui ont travaillé dur?, Je vis depuis toujours dans la pauvreté.*

Être prospère n'a rien à voir avec la chance. La chance est un mot utilisé par ceux qui ne savent pas ou qui ne ressentent pas profondément, que la façon dont ils vibrent les pousses à créer et à dessiner sous forme de synchronicités des expériences qui sont l'expression de leur richesse intérieure.

Cela peut bien se passer pour vous si vous vous sentiriez abondant et faire des choix intuitifs par lesquels vous surmonteriez votre position sociale et matérialiseriez la richesse sur laquelle longueur d'onde vous voudriez y être.

Même si vous êtes né dans la pauvreté, cela ne signifie pas que c'est ainsi que vous devriez rester toute votre vie. Vous avez besoin de courage pour aspirer à être en haut, de détermination, de confiance en soi, d'obéissance à l'intuition et de persévérance en ce qui concerne la démonstration de la force et de la connaissance intérieure, qui vous emmèneraient à entreprendre les actions nécessaires à la construction d'une voie pleine de prospérité.

Peu importe comment ils étaient et sont les membres de votre famille, vous pouvez aller beaucoup plus loin qu'eux. Vous pouvez vous consoler en apparence en se disant que *L'éclat d'un arbre ne saute pas plus loin de son tronc*, mais, pourquoi se rapporter à cette expression et non pas à celle qui dit, *les graines d'un arbre sont portées par le vent et pourraient atteindre une distance de plusieurs kilomètres plus loin?*

Il vous est deja arrivé de dire: *Je n'ai toujours pas d'argent, Je ne peux pas me permettre de partir en vacances, d'acheter une maison..., Je ne peux pas plus que ça, J'ai peur d'oser de... ou je ne suis pas doué pour...*, etc…

Lorsque vous vous plaignez de ne pas avoir d'argent, vous devriez vous demander pourquoi cela se produit. Gériez-vous votre argent judicieusement et efficacement? Gagnez-vous autant que vous le pouviez? Investissez-vous assez en vous pour vous améliorer sur d'autres plans possibles?

Entre autres, pourquoi vous tracer une limite au pouvoir que vous alimentiez par la peur de savoir, d'être, de pouvoir et d'en avoir plus? C'est à vous de choisir jusqu'où aller! Si vous arrêtiez d'affirmer si souvent et si farouchement les impuissances du moment, vous pourriez facilement attirer d'autres sources qui pourront vous apporter un plus de prospérité.

Vous avez probablement entendu autour de vous des gens dire: *Que puis-je changer et faire à mon âge?, Dieu ne veut pas que j'aurais plus....* Dieu ne les empêche pas d'en avoir plus, ce sont eux qui ne veulent pas en choisissant une multitude de raisons pour leurs échecs. Dans la mesure où, ils ne croient pas en soient, ils se disent que *C'est quelqu'un là-haut* qui est responsable de tout ce qui leur arrivent. Ils n'assument donc pas la responsabilité dans la façon dont ils créent leur vie.

Il n'est jamais trop tard pour aspirer à plus haut et

se désavouer des parties que vous considéreriez être plus faibles.

Quand vous déclarez *Je me satisfais même avec le minimum* ou *Pourquoi ai-je besoin d'avoir plus?*, tout votre être se calibrerait de manière à correspondre à vos souhaits. En conséquence, votre imagination se limiterait à façonner une situation financière médiocre, l'intuition ne vous guiderait plus vers *être* et *avoir* plus, vous n'aurez plus d'idées sur la façon de prospérer, les actions, les pensées et les émotions que vous créeriez tourneront autour du mécontentement, des frustrations et des privations.

Il vous est probablement arrivé d'entendre ce qui suit: *Mieux vaut être pauvre et en bonne santé, que riche et malade, L'argent n'apporte pas le bonheur, L'argent est l'œil du diable, Les riches sont malhonnêtes.* Partant donc du considérant que quelque chose de mauvais pourrait vous arriver, de telles affirmations vous empêcheraient de rêver à plus.

Bien sûr, si vous êtes pauvre, vous n'êtes pas nécessairement en bonne santé ou heureux, tout comme les riches, ils ne sont pas nécessairement malades. Une telle généralisation fondée sur la dualité est loin d'être vraie, et chaque homme a son propre niveau de santé et d'abondance.

Après tout, comment définiriez-vous la richesse, étant donné que la richesse peut être définie d'une infinité de manière? Certains peuvent être riches en amour, d'autres en bonheur, en connaissances manifestées, en vitalité, en argent, en or, en diamants, en terres, etc. Et pourtant, y'a t-il vraiment une somme d'argent en face de laquelle on trace une ligne, de sorte qu'on pourrait dire que tous ceux qui se trouveront au-dessus sont riches?

Il est incorrect de dire, d'une façon absolue que l'argent ne fait pas le bonheur. Tout ce qui existe a le potentiel d'apporter un plus de valeur et de bonheur à chacun de nous. Le problème se pose, au moment où, vous rétrécissez tellement votre vue d'ensemble que vous ne voyez rien d'autre que l'argent, estimant que seul l'argent peut vous accomplir.

Les expériences peuvent vous élever ou vous rabaisser en fonction de la façon dont vous les percevez. C'est à vous de choisir les choses à valoriser. Par exemple, dans certaines régions du monde, on donne une valeur inestimable à des coutumes ou à des croyances qui, dans d'autres régions, n'existent même pas...

Très souvent, vous entendriez parler autour de vous de l'argent, des salaires, de la carrière, des fortunes, ainsi que des questions de type: *Que voulez-vous faire quand vous serez grand?*, *Quel emploi voudriez-vous avoir?*, *Quelle faculté voudriez-vous poursuivre?*, et tout cela va renforcer l'idée que votre vie devrait tourner autour de l'argent et autour d'un statut. Mais combien de fois voyez-vous autour de vous des gens dire: *Je suis déterminé à être plus affectueux*, *Je rêve de rencontrer mon véritable amour*, *Je veux expérimenter des expériences plus élevées*, *J'ai l'intention de manifester plus de paix intérieure*, *Je souhaite que, lorsque je serais grand, je deviendrais plus beau et plus heureux que je le suis aujourd'hui?*

Il est inutile de sacrifiez votre bonheur et votre amour pour une profession respectable qui vous rapportera beaucoup d'argent si, quand vous rentreriez à la maison, vous ne seriez pas accueilli par un être cher, vous ne dormiriez pas dans les bras de votre bien-aimée, vous vous réveilleriez seul, triste et fatigué, vous mangeriez tout seul, il n'y aurait personne pour vous dire qu'il vous aime. Combien de personnes accordent-elles de la valeur à toutes ces joies qui sont réellement inesti-mables?

Au-delà de ce que *l'extérieur* peut vous offrir, il est tout simplement naturel de se réjouir, parce que, *vous existez!* Cette joie s'exprime d'elle-même, alors même, que vous vous faites plaisir et que vous achetez de la nourriture *biologique*, des vêtements et des soins de qualité, des appareils de pointe qui faciliteraient votre travail ou stimuleraient de plus en plus votre imagination et votre créativité, etc…

C'est à vous de choisir ou non d'être prospère tout en profitant du don de *la vie*. Il n'y a rien de mal à en vouloir plus.

L'argent est loin *d'être l'œil du diable*, comme cer-tains le considèrent. Que vous ayez beaucoup ou moins, vous pouvez choisir de l'utiliser de manière destructrice ou constructive. Alors que certains l'utilisent pour mani-puler les masses, nuire à la concurrence ou empoisonner leur corps avec des substances addictives (tabac, café, drogues), d'autres le dirigent pour aider la société à se développer technologiquement, médicalement, spirituel-lement ou d'un point de vu éducationnel.

Quel que soit le montant d'argent dont vous dispo-seriez, c'est vous qui lui donneriez une valeur. En se sentant valeureux et digne de ce que vous avez, vous saurez comment investir de manière à multiplier ce que vous avez.

Pour prospérer, il faut avoir certaines qualités. Il peut être pour vous très facile de juger les riches pour l'abondance qu'ils ont et la façon dont ils gèrent leur argent, mais faut-il autant vous demander si vous pos-sédez les bonnes qualités qui vous aiderez à matérialiser ce que vous voulez.

Il n'y a aucun moyen d'aller trop loin tant que vous:

- ✓ vous victimisez;
- ✓ apitoyez sur votre sort;
- ✓ jugez les autres;
- ✓ vous étiquetez;
- ✓ ne voyez pas votre potentiel;
- ✓ soutenez et alimentez vos faiblesses;
- ✓ apportez des justifications pour ne pas pouvoir encore plus;
- ✓ vous considérez brisé par la richesse et les fréquences de l'abondance;
- ✓ ne vous sentez pas précieux et digne d'être et d'avoir plus;
- ✓ affirmez quotidiennement les impuissances que vous pensez avoir;
- ✓ ne faites pas grand-chose pour croitre;
- ✓ vous maintenez dans la zone de confort;
- ✓ vous livrez à faire ce qui n'est pas compatible avec votre être;
- ✓ n'osez pas rêver et aspirer à réaliser vos rêves;
- ✓ vous conformez à des normes, etc.

LA DÉPENDANCE À LA MALADIE

Peut-être avez-vous partiellement raison quand vous dites: *Je n'en peux plus de la chaleur, J'ai très froid, J'ai mal à l'estomac car j'ai faim, Je sens ma gorge sèche de soif,* alors, l'information que vous transmettez verbalement sera enregistrée dans tout votre corps. Suite à ces types d'affirmations, vous créez divers déséquilibres au niveau des centres responsables de la régulation de la température, de la faim, de la satiété ou de la soif.

Qu'est-ce qui vous fait penser que vous ne pouvez

pas contrôler consciemment votre corps en fonction des circonstances dans lesquelles vous vous trouvez? Même s'il fait 40 degrés Celsius à l'extérieur, cela ne signifie pas que vous ne pouvez pas vous adapter ou vous sentir à l'aise. Bien entendu, c'est là qu'intervient encore un détail, à savoir, à quel point vous êtes flexible en général.

La flexibilité et le flux que vous choisissez pour les exprimer, influencent tous les processus qui se produisent au niveau de votre corps. Il est dans la nature de chaque homme de s'adapter aux conditions environnementales auxquelles il est soumis pendant une période plus longue ou plus courte.

Même si vous n'avez pas mangé de nourriture physique depuis quelques heures, cela ne signifie pas que votre corps ne se nourrit pas d'autres types d'énergies subtiles qui aident à soutenir votre état d'équilibre. Il vous est certainement arrivé tout au long de votre vie que, selon l'humeur que vous aviez, vous n'aviez pas mangé des heures, et que vous ne vous étiez pas senti en aucune façon affamé ou faible. Dans ces moment-là, vous vous nourrissiez tout simplement et principalement avec des énergies subtiles qui se sont alchimisées et calibrées en termes de dynamique et de densité pour servir les exigences et les besoins de votre corps.

En prononçant souvent des mots à sens négatif, vous vous transformeriez en une personne essentiellement critique, rigide, pessimiste, têtue, avec un moral faible, une force vitale diminuée, qui refuserait bon nombre de possibilités qu'elle attire ou qu'elle pourrait attirer. En étant pessimiste, vous compliquez votre vie et devenez comme un obstacle pour ceux qui vous entourent. Pensez à ce qu'est la vie de ceux qui, quoi qu'ils veuillent matérialiser, entendent souvent des mots de dissuasion.

Avez-vous déjà pensé à l'effet cumulatif que les mots que vous continuez à prononcer ont, au fil du temps?

Même quand tu as fini de manger, à quoi ça sert de dire que *Je ne peux plus* ou que *Je suis saturé*? Ces affirmations semblent parfaitement naturelles, mais en les répétant, elles peuvent vous induire des limites, bien qu'elles expriment une certaine réalité momentanée, elles peuvent aussi bien être remplacées par le silence ou d'autres mots du genre, *Mon corps se sent reconnaissant pour cette nourriture* ou, *J'ai mangé autant qu'il me fallait.*

En disant souvent, *Je n'ai jamais pensé à...* ou *Comment puis-je connaître ces informations?*, vous vous conditionnez de manière à trouver vos idées avec difficulté.

Supposons que quelqu'un soit à une certaine distance de vous et vous dit quelque chose, et que vous vous précipitez pour lui répondre, *Je ne vous entends pas* ou *Je ne comprends pas ce que vous dites.* Dans une telle situation, mieux vous dites: *Pouvez-vous répéter, s'il vous plaît.*

Aussi faible ou aussi fort que quelqu'un puisse vous parler, au niveau subtil, *votre* énergie reçoit l'ensemble de n'importe quel message. Lorsque vous êtes en situation de croire que vous n'avez pas entendu ce que les autres vous transmettent, vous êtes en fait distrait et peu conscient de ce qui vous arrive et ce qui arrive à ceux qui vous entourent.

Répétant tout au long de votre vie une série d'affirmations telles que: ne pas entendre, ne pas voir, ne pas sentir, ne pas réaliser, etc., vous ne faites que façonner votre corps pour devenir de moins en moins sensible.

Même si vos yeux, physiquement, n'ont pas parfaitement décodé l'image que vous regardiez, votre énergie est *une* avec l'énergie de partout. Il n'y a donc rien qui ne soit pas perçu au niveau subtil et vécu de façon multidimensionnelle.

Vous vous êtes peut-être surpris de vous retrouver souvent dans la situation d'utiliser des expressions que vous avez entendues depuis que vous étiez enfant, seulement, vous omettez le fait, qu'elles sont bien plus qu'une simple expression. Par exemple, certaines personnes disent: *Mon cœur grandit de joie, Mon cœur a été fait comme une puce, Mon cœur s'est arrêté sur place, J'ai eu tellement peur que mon cœur a sauté jusqu'à la gorge, J'ai le cœur brisé, Mon cœur s'est brisé en deux, J'ai été sur le point de faire une crise cardiaque quand il m'a annoncé la nouvelle.* Chacune de ces expressions se répercute sur la santé et la configuration géométrique du cœur, même si vous les avez apparemment utilisées dans un autre sens. Si les gens se sentaient entre eux, au-delà des mots, ils percevraient plus clairement la complexité des différentes formes d'énergie *pensée-émotion* créées et émises.

Même quand vous dites: *Mes parents ont eu une certaine maladie, donc je suis très susceptible de l'avoir moi aussi, Maintenant j'ai un âge, donc je m'attends à ce que ma vue se détériore, J'espère que je ne suis pas encore devenu fou, Je me fatigue très vite, Je ne me sens pas très bien, etc...* vous vous programmez pour vous créer, selon les mots que vous prononcez.

Ceux qui disent: *J'espère ne pas tomber malade, J'espère être en bonne santé, J'espère saisir la journée de demain, J'espère finir par voir mes enfants grandir, Si je serais en bonne santé, je vais..., J'espère que ça ne m'arrivera pas à moi ce qu'il lui est arrivé...? Peut-être que demain je me sentirai mieux,* en réalité, ils sont incertains de la force et de la santé qu'ils expriment. Ne sachant pas ce que demain leurs apportera, ils créeront toutes sortes de pensées et espèreront que, rien de mauvais ne leurs arriveraient.

Beaucoup d'entre eux choisissent d'être principalement, inattentifs, irresponsables et négligents par rapport à leurs propres vies. Ils ont également tendance à ne pas trop s'impliquer à leurs égards et à ne pas agir au moment opportun lorsqu'ils croisent différentes synchronicités qui pourraient les pousser vers la croissance. Une telle attitude les pousserait à matérialiser *la maladie* comme une expression de leurs décadences. Ils agissent souvent mécaniquement, par impulsion, voire guidés par les envies malsaines qu'ils ont, en prenant des mesures secondaires sur les répercussions de leurs actes. Concrètement, prenons l'exemple d'une personne, dont la vue se détériore progressivement, en raison de l'inflexibilité et de la manière superficielle et déformée, dont elle choisit de se percevoir et de voir ceux qui l'entourent. Tout en étant fermement convaincue qu'en vieillissant, elle diminuerait son acuité visuelle, elle calibrerait sa configuration énergétique des particules de vie qui la composent, de manière à matérialiser encore plus intensément sa foi. Bien qu'elle s'inquiète de la maladie à laquelle elle est confrontée et espère que son état ne s'aggraverait pas, elle ne fait pas grand-chose non plus pour préserver sa santé et prévenir les événements désagréables, ou en créer d'autres plus satisfaisants. Finalement, elle se retrouverait dans la situation où, elle doit porter des lunettes ou subir une opération chirurgicale qui améliorerait sa vue.

A chaque fois que vous utilisez les mots, *j'espère, si* ou *peut-être*, vous extériorisez le fait que vous n'êtes pas sûr de vos actions, de la façon dont vous exprimez votre pouvoir créatif, de la connaissance qui est *une* avec vous. Ainsi, vous accentuez vos croyances dans le sens qu'il est possible que les événements qui se produiraient dans votre vie prendraient des tournures inattendues. Au fur et à mesure que vous évoluez, prenez plus soin de votre corps, vous possédez et ressentez plus d'informations, et au lieu de dire, *J'espère que...,* vous devriez avoir la certitude que les directions auxquelles vous vous concentreriez se produiront exactement comme vous l'avez imaginé.

En disant: *J'aime beaucoup manger, Je suis très gourmand, Je me suis habitué à manger très salé, Je ne peux pas résister sans manger de la viande à chaque repas,* vous vous programmez à sursolliciter votre tube digestif et à faire des excès qui, par répétition, auront un effet destructeur.

QUE SE PASSE-T-IL LORSQUE VOUS IMITEZ

Vous vous êtes déjà demandé ce qui se passe dans les moments quand vous imitez les paroles et les comportements des autres personnes, auxquelles vous vous identifiez et auxquels vous ne restez pas toujours centré et en harmonie?

L'imitation, suppose qu'au niveau subtil, vous vous calibrez aux fréquences que la personne que vous choisissez de copier génère. Par exemple, en imitant souvent la façon d'être des gens que vous appréciez et à qui vous voulez ressembler, vous commenceriez à parler, à agir et à avoir une attitude d'homme heureux et épanouissant, à qui, viennent s'ajouter spontanément une multitude d'idées extraordinaires sur la façon de matérialiser encore plus l'abondance. Un autre exemple est celui où vous imiteriez une personne malade ou avec une conscience inférieure à la vôtre. Dans cette situation, il est très probable que vous troubleriez votre état, et que vous diminueriez en termes de brillance que vous exprimez.

L'acte d'imitation peut également être considéré sous un autre angle, selon lequel votre comportement dénote que, vous rejetez et jugez pour certains considérants cette personne, mais aussi, que vous permettez à certaines circonstances de persister même si cela vous dérange et qu'elles ne seraient pas compatibles avec ce que vous ressentez et aimeriez vivre.

Même le simple fait de vous imiter vous, celui du passé, lorsque vous aviez un tic nerveux ou lorsque vous vous comportiez d'une manière essentiellement destructrice et pas exactement agréable, peut donner du pouvoir à certaines parties de vous qui généreraient ces manifestations et vous surprendre en vous extériorisant de la même façon.

Lorsque vous vous dites que vous voulez ressembler dans différents aspects à une personne particulière, vous vous calibrez à la façon dont elle vibre, de manière à exprimer par endroits ses particularités. De même, chaque fois que vous imiteriez les gestes ou le comportement de quelqu'un, cela ne signifie pas que vous perdez totalement votre unicité. Quoi que vous fassiez, vous resteriez authentique.

Les traits de chacun de nous ont leur propre histoire. Pourquoi voudriez-vous vous modeler en accord avec l'histoire de la vie de quelqu'un d'autre alors que, vous pourriez créer la vôtre, beaucoup plus agréable?

Bien que l'imitation de personnes fortes et heureuses puisse être constructive, avez-vous pensé que si vous embrassez votre unicité, vous pourriez arriver beaucoup plus loin?

VALORISER LE SENTIMENT DE LIBERTÉ

Plus vous prononcez souvent, *Je me sens redevable à...* ou *Je dois absolument me rattraper pour...*, plus, vous vibreriez intensément sur les fréquences de la dette. À un moment donné, ces affirmations deviendraient des réflexes et vous finiriez par les utiliser mécaniquement, sans avoir une raison valable. En vous sentant redevable, vous aiguisez le sentiment et les croyances que vous n'appartenez plus à vous-même. Cette attitude impliquerait, métaphoriquement parlant, à vous céder petit à petit aux autres et à finir par vivre beaucoup plus pour les autres que pour vous-même.

Dire à quelqu'un, même en plaisantant, *vous me devez*, impliquerait à lui induire un faux sentiment d'endettement et un état relatif de tension, parce que toute blague a un grain de vérité, tout petit soit-il.

Prenons l'exemple suivant: supposons que chaque jour vous devez rencontrer au travail une personne qui ne vous aime tout simplement pas, même si vous ne lui avez jamais fait de mal, même si vous la saluez en souriant, non seulement elle ne vous retournera pas votre sourire, mais parfois elle ne vous répond même pas. À première vue, vous seriez tenté de dire qu'elle ne mérite même pas que vous soyez courtois avec elle et d'autre part, vous penseriez que, étant courtois avec elle, elle devrait l'être avec vous.

Si vous vous comportez d'une façon gentille avec quelqu'un, ne le faites pas avec l'idée qu'il serait redevable envers vous. Il est préférable d'agir autant que possible en fonction de vos sentiments les plus élevés. Bien que certaines personnes ne peuvent pas et ne savent pas vous apprécier et vous voir comme vous l'êtes, soyez certain que la vie vous renverra une infinité d'autres sourires et salutations.

En vous considérant redevable, il va sans dire que vous configuriez votre géométrie de manière à attirer des situations dans lesquelles vous vous sentiriez redevable aux autres.

Peut-être que ce bien que vous aviez reçu, était la récompense que vous avez attirée pour certaines bonnes actions que vous avez faites autrefois. Pourquoi toujours considérer votre récompense comme étant quelque chose pour laquelle vous devriez vous rattraper? Pourquoi croire, absolument, que toute joie que quelqu'un vous apporterait doit être immédiatement récompensée et ne pas sentir le bon moment et la bonne forme de vie à offrir, à partir de ce que vous avez à donner.

Autrement dit, la façon dont ceux qui vous entourent se rapportent à vous est un reflet de vos actions et de votre comportement. Si les gens se comportent bien et avec amour envers vous, cela vous est dû aussi, car vous aussi, à votre tour, aviez donné à la vie de grands moments à travers lesquels vous aviez apporté aux autres le sourire aux lèvres et l'éclat dans le regard.

Le sentiment de devoir être redevable, vous fera vous sentir accablé, et non libre. Au lieu de vous sentir redevable, il faut plutôt faire preuve de respect, de gratitude et de valeur, envers *la vie* de partout et implicitement envers ceux qui vous ont apporté et continuent de vous apporter un plus de valeur. Offrez de la vie pure, sans conditionnement à l'idée de recevoir la même chose en retour.

Lorsque vous prenez une décision qui s'avère bénéfique pour vous, vous êtes-vous demandé pourquoi vous ne vous sentez pas redevable à vous-même, même si vous avez apporté une contribution importante à ce que vous avez matérialisé? Toutefois, combien de fois vous êtes-vous senti redevable à vous-même et combien de fois vous êtes-vous senti redevable aux autres?

Donc, si vous arrêtiez de percevoir celui qui vous aide comme étant isolé de vous, vous comprendriez que l'aide qu'il vous donne, il l'offre aussi à lui-même. Une telle conscientisation découle d'un état d'être beaucoup plus pur, dans lequel il n'y a plus tant d'ego que de soutien mutuel.

L'HABITUDE DE SE PLAINDRE

Quand vous pensez que vous vous déchargez des soucis, en réalité vous ne faites que charger les autres...

Vous avez certainement rencontré des gens qui racontent leurs problèmes personnels, auxquels ils se sentent encore très attachés, dans l'idée que cela diminuerait la tension qu'ils ressentent. Ils ne comprennent pas que, procédant ainsi, ils chargeraient les autres avec une avalanche d'énergies de faibles fréquences avec lesquelles ils choisissent de s'exprimer. Étant également identifiés et souffrants, ils regarderaient les événements de leur vie de trop près, sans les mettre dans une vue d'ensemble. Ils se retrouveraient dans une position où, ils croiraient et estimeraient que les situations deviendraient incontrôlables et ne sauraient comment les gérer de manière à rester dans un certain état d'équilibre.

Bien que le présent ne leur donne aucune raison plausible pour qu'ils soient contrariés, quand ils commenceraient à raconter leurs problèmes, ils se connecteraient à leur version du passé et aux moments qui leur ont causé de la détresse, et continueraient ainsi à souffrir.

Au lieu d'être fluide et de se laisser profiter des moments qu'ils vivent, ils stagnent dans les souvenirs du passé et dans la perception qu'ils sont accablés à cause des problèmes qu'ils accumulent.

Avec chacune des expériences, vous accéderiez à une multitude d'informations, seulement, il sera de votre latitude comment s'y rapporter à elles et choisissez, à travers elles, comment vous sentir plus accablé ou plus libre.

En parlant des moments qui vous ont fait et vous font encore ressentir de l'angoisse, vous emmèneriez votre interlocuteur à s'y connecter, et de ce fait, lui imprimer une empreinte. Si vous arrêteriez d'évoquer les problèmes du passé, vous vous libéreriez de nombreux fardeaux.

Dans la mesure où, vous vous identifiez aux problèmes des autres, à travers le prisme du fait que, vous aussi, à votre tour, faites face à des situations similaires, vous vous connecteriez à la dimension énergétique des expériences dont ils se plaignent et vous vivriez, à des différents degrés, les souffrances qu'ils auraient vécues ou continuent de vivre encore.

Prenons l'exemple où une personne proche vous appelle chaque fois qu'elle est furieuse, bouleversée ou inquiète, pour se révéler et se décharger. Si vous n'êtes pas assez concentré et facile à prendre les énergies négatives, de ceux avec qui vous communiquez ou vous vous entourez, au moment où, vous réussissiez à les ramener à de bons sentiments, vous vous livreriez inconsciemment à devenir *le sac de boxe* ou *le jouet anti-stress* des autres. Il est loin donc, que ce soit bénéfique à vous, de donner de votre éclat que vous souscrivez ainsi à la limitation. Charger avec les énergies denses l'autre, conduirait à diminuer la lumière que vous créez, à perturber vos propres vies et à déformer la façon dont vous percevez la vie.

Peut-être s'est-il avéré que vous avez procédé de même, sans vous rendre compte de ce que vous faites, seulement, pourquoi pensez-vous que, peu de temps après avoir connu un état de faibles fréquences, vous appelleriez les autres pour faire refouler vos problèmes et perturber leurs états? Pourquoi ne pas les appeler seulement après avoir réfléchi à la situation et trouvé les bonnes solutions, ainsi, ils apprendraient quelque chose de vous.

Lorsque vous vous plaignez, vous êtes un anti-exemple, alors que lorsque vous partageriez la façon sage avec laquelle vous avez agi, vous deviendriez un exemple.

Chacun de nous, a sa part de contribution à l'élévation ou à la diminution des vies et à l'état de santé des gens avec qui nous vivons. Vous, que choisiriez-vous pour la création de votre entourage?

Avez-vous déjà pensé au fait que, vous leur faites du mal réellement à ceux en face de qui, vous avez l'impression de vous décharger? Dans la mesure où vous les identifiez à la situation dans laquelle vous vous trouvez ou à la relation qu'ils ont avec vous, ils deviendraient tendus et soufreraient, suite à la perception de votre énergie dense.

Personne n'aimerait que le voisin jetterait ses ordures par-dessus sa clôture, et pourtant, beaucoup permettent à d'autres de leur jeter à la figure des mots prononcés à la haine, la colère ou au désespoir, des mots qui abondent en densité et qui les salissent et les perturbent sur le plan énergétique.

Même le coup de poing dans l'oreiller, bien qu'il soit considéré comme une forme de thérapie, implique de charger l'oreiller avec des vibrations à faibles fréquences, et quand vous le touchez et mettez votre tête dessus, vous calibreriez votre énergie selon les informations que vous y avez imprégnées. Quel que soit la durée de votre décharge du moment, peu de temps après un tel épisode, vous tomberiez à nouveau dans des états similaires. C'est pourquoi il est important de travailler sur la cause, pas sur les effets. Il est préférable qu'au lieu de vous décharger et de charger avec densité d'autres formes d'expressions de l'énergie, vous travailleriez avec vous-même, de manière à comprendre la cause de vos états de nervosité. La transformation se produit, quand vous comprendriez la nature de la chose que vous approfondissez.

Il y'a des gens qui ont pris l'habitude de se plaindre de ne pas pouvoir gérer leur propre vie. Ces gens-là ne font que se résumer à parler de la façon de percevoir limitativement les problèmes qu'ils attirent et qu'ils créent le plus souvent eux-mêmes. Perdre leur temps à partager mécaniquement leurs soucis et à mettre l'accent sur ce qu'ils ont à transmettre, ils ont tendance à ne pas tenir compte des précieux conseils qui leur sont offerts. N'étant pas assez ouvert par rapport à ceux d'à côté, la plupart des informations qu'ils recevront passeraient à côté de leurs oreilles, car, en réalité, ils ne font que réfléchir à ce qu'ils vont dire, de peur d'omettre un détail.

Dans le cas où vous donnez souvent suite à des situations identiques, vous ne faites rien d'autre que de rester coincé pendant un certain temps dans une boucle à faibles vibrations, d'autant plus que, ces personnes ne sont pas assez réceptives à l'idée de devenir une meilleure version d'eux-mêmes. Dans la mesure où vous résonneriez avec la vision qu'ils ont de la vie et en fonction de vos faiblesses, il y'a possibilité de vous calibrer progressivement aux ondes d'énergie qu'ils émettent et leur ressembler de plus en plus même si, initialement, vous étiez plus équilibré.

A ne pas comprendre qu'il n'est pas indiqué de parler à quelqu'un des souffrances que vous vivez, seulement, il est plus utile de se concentrer sur l'évolution, afin d'exprimer la compréhension qui vous déterminerait à cesser de souffrir.

Suivre les conseils de quelqu'un qui ne ressent pas ce qui convient à votre unicité, suppose que vous n'agissez pas en accord avec vos besoins.

Souvent, lorsqu'on leur demande de l'aide, les gens commencent par se mettre à la place de celui qui souffre, ainsi, la clarté de leurs sentiments et de leurs processus de jugement, serait partiellement compromise. Et, au lieu de vous dire comment il serait plus approprié pour vous de procéder, ils vous diront comment le feraient-ils eux-mêmes, or, cela ne vous aiderait pas grandement, surtout si la façon dont ils se rapportent à l'existence est étroite et brouillée par une multitude de perceptions et de préjugés.

Les processus révélateurs que vous avez, viennent de votre *être*. Pour que les actions que vous entreprenez vous soient bénéfiques, il est important d'élargir vos horizons de connaissances et de suivre votre intuition, afin de ne pas arriver à la posture de vous tromper, simplement parce que vous avez suivi ce que les autres vous ont dit de faire.

Aucun parent ne voudrait voir son enfant malade, mais néanmoins l'enfant joue souvent le rôle de jouet antistress et encaisse l'offense et les cris inutilement. Il n'est pas nécessaire de donner à quelqu'un une gifle ou un coup de poing pour lui faire du mal, car même un seul mot peut l'affecter autant, ou peut-être même plus.

Imaginez que chaque offense, et chaque mot prononcé à partir d'un état de colère est comme un clou niché dans une porte. Même s'il est enlevé, il laisserait derrière lui une trace. Il en va de même pour les traces d'offenses et d'actions irréfléchies, même si vous vous excuseriez ou les regretteriez, elles laisseraient toujours une empreinte. Vous pourriez dire des milliers de fois de belles paroles pour atténuer le mot imprégné de haine que vous auriez dit une seule fois, seulement, les traces de celui-ci resteront sous forme de souvenirs comme un écho dans l'infini.

*Le fil d'écoulement de vos
expériences s'interpénètre et
devient un avec le fil d'écoulement
des expériences de toutes les formes
de vies existantes.*

Chapitre 4

LE FLUX ET LA DYNAMIQUE DE L'ÉNERGIE

L'énergie a le potentiel de circuler de manière infinie en fonction de ce que vous exprimez mentalement et émotionnellement, des activités que vous entreprenez (artistiques, sportives, imaginatives, intellectuelles), de la dynamique de l'énergie des gens avec lesquels vous vous entourez, celles-ci, imprimant certaines caractéristiques physiques au corps. Par exemple:

✓ La sagesse, se lit à partir du regard et du comportement;

✓ Le bonheur, confère de la sérénité, de la fraîcheur et jeunesse au visage;

✓ La manque de confiance dans ses capacités, engendre des gestes hésitants;

✓ La tête baissée et le regard orienté vers le bas, peuvent être l'expression d'un état intérieur de sous-estimation et d'obéissance;

✓ L'état de souffrance et de tension, accélère le vieillissement et favorise l'apparition et l'accentuation des rides;

✓ Les tic nerveux, sont l'expression d'une gestion inefficace du stress et de la nervosité.

Le danseur professionnel exprime la grâce et l'élégance à chaque geste. Il y'a une grande différence entre la danse faite à partir d'un état impliquant l'effort, la fatigue, la compétition, la comparaison, la répétition mécanique et celle faite à partir d'une vie intuitive et pure. Cette dernière ne peut être apprise d'aucune façon, étant l'expression *de l'unité* que vous ressentez.

Au fur et à mesure que vous deveniez conscient de la danse que fait votre corps, des activités au niveau énergétique se produisent, à l'aide desquelles vous finissez par manifester de plus en plus de votre potentialité infinie. Lorsque vous bougez ou vous dansez avec émotion, vous êtes énergique et heureux, vous vous nourrissez de formes d'énergie de hautes vibrations, et le flux d'énergie qui traverserait votre être coulerait plus harmonieusement, de manière à satisfaire les besoins de toutes les parties du corps.

Imaginez comment tourne le morceau d'argile dans les mains de l'artiste potier qui le façonne et l'apporte à la forme désirée. Il en va de même pour ce que nous, nous appelons la matière, la force centrifuge étant la dynamique des énergies subtiles, tant propres, qu'environnantes, tandis que les mains de l'artiste, sont représentées par la conscience des particules de vie qui contribuent à la création continue de celles-ci.

La dynamique de votre énergie se calibre plus ou moins à la dynamique de l'énergie des personnes avec lesquelles vous vous entourez. Par exemple, en vous entourant de gens prospères, heureux et beaux, vous finiriez par leur ressembler de plus en plus. Votre pensée se façonnerait et vous ferait matérialiser plus d'abondance et de bonheur.

Si vous vous entourez souvent de personnes malades ou très âgées, dont la dynamique est si faible qu'elle entraînerait une détérioration accélérée de leur matière, alors, votre corps intensifierait progressivement sa dégradation ceci, dans la mesure où vous n'êtes pas assez concentré et ayant l'habitude de souffrir et de vous identifier aux sentiments de faibles vibrations des autres.

Tout comme une personne âgée rajeunit dans un environnement rempli de jeunes qui abondent dans la fraîcheur et la joie, les jeunes vieillissent plus rapidement dans un environnement où la rigidité et la souffrance prévalent. Ces transformations sont facilement visibles chez l'homme, mais la dynamique de l'énergie qui nous constitue influence non seulement les êtres vivants, mais aussi le reste des formes d'énergie qui nous entourent, qu'il s'agit de bâtiments, d'objets ou de nourriture.

Lorsque vous touchez la main de quelqu'un ou que vous vous teniez près d'une personne, en raison de l'interaction et de la fusion entre votre dynamique et la sienne, une nouvelle dynamique s'ensuivra pour chacun d'entre vous et sera adaptée à la conscience des deux.

Lorsque vous ne parvenez pas à vous maintenir dans un certain équilibre la plupart du temps, et ne pas avoir l'intuition de la façon de se comporter dans certaines situations de votre existence, il est préférable d'éviter de rester en compagnie de personnes très malades ou ayant un très faible niveau de conscientisation. Sinon, vous vous calibreriez facilement à eux et vous manifesteriez également divers états désagréables, tels que la douleur, la fatigue, l'agitation, la nervosité. À ne pas comprendre qu'on doit rejeter les malades, seulement, si vous ne réussissez pas relativement à vous concentrer, il vaut mieux ne pas trop interactionner avec eux. Comprendre la réalité, l'accepter, mais ne pas compromettre votre évolution, simplement parce que d'autres ont choisi et continuent de choisir de détruire leur vie. Chacun est le résultat de ses propres actions.

LA CONTINUITÉ AU NIVEAU DU CORPS

Si vous regardez comment le corps est construit, vous pouvez observer le fait que, tout se trouve dans un flux parfait et continu.

Il existe une transition parfaite entre les cellules appartenant à un même tissu, mais aussi entre les cellules appartenant à plusieurs types de tissus. Par exemple, le tissu osseux est dans une graduelle continuité avec le tissu cartilagineux qui, à son tour, se continu avec le tissu musculaire.

Tous les processus qui se produisent au niveau de l'organisme, de division cellulaire, de transport de gaz, d'absorption, de filtration ou de sécrétion sont basés sur l'écoulement. Il y a un passage graduel entre le corps et l'atmosphère environnante, de sorte que, le corps respire par le nez, la bouche, mais aussi par tous les pores situés au niveau de la peau, des ongles, des cheveux, des dents, etc., entraînant des échanges entre l'intérieur et l'environnement. Il existe également une multitude de circuits énergétiques qui facilitent les interactions entre chaque organisme et la planète, ce qui nous permet d'être constamment connectés aux éléments des environnements de la vie.

Lorsque deux corps fusionnent dans un état profond d'amour et d'épanouissement, une multitude de circuits énergétiques seront créés entre eux, par lesquels ils se fondront l'un dans l'autre et se sentiront ainsi comme *un*. Dans ces moments, leur dynamique finira par être, en grande partie, sur la même longueur d'onde: le rythme de leur respiration et leur rythme cardiaque deviendra similaire; les ondes électromagnétiques qu'elles créeront atteindront une certaine intensité des deux côtés; les processus chimiques se dérouleront relativement à l'unisson. Comme ils se manifesteront de plus en plus comme *un*, il leur arriverait souvent: d'avoir des moments de télépathie où, tout simplement, ils sauront deviner les pensées de l'un et de l'autre, de dire la même chose en même temps, de ressentir les mêmes joies, le même amour, et les mêmes rêves.

Même les cellules sexuelles expriment la continuité, assurant la lignée de l'arbre généalogique qui fleurit à travers chacun de nous. Il y'a des personnes qui finiront par devenir infertiles et ne pourraient plus avoir d'enfants en raison du fait qu'elles:

✓ S'opposent au flux de la vie, s'enferment en elles-mêmes et s'opposent à leur *floraison*;
✓ S'enfoncent trop souvent dans des états de tension et de stress;
✓ Répriment intensément leur besoins et inhibent leur vies;
✓ Stagnent longtemps dans des états de faibles vibrations;
✓ Ont l'habitude de refuser leurs joies, croyant qu'elles ne les méritent pas;
✓ Sont négativistes et refusent l'aide ou les conseils dignes d'intérêt;
✓ Sont têtus et égoïstes, considérant que tout, orbite autour d'elles;
✓ N'aiment pas offrir et s'offrir à elles même;
✓ S'opposent à l'adaptation au milieu dans lequel elles se trouvent et aux situations auxquelles elles sont confrontées;
✓ Ont un faible niveau d'énergie et ont donc moins à transmettre, etc.

Votre processus de création implique aussi les autres, et suppose, l'ouverture, la réceptivité, la relaxation, le dévouement de soi, l'exploitation de votre potentiel de *floraison.*

Le corps fusionne et coule avec tout ce qui existe autour de lui, de sorte qu' il inspire et expire, se nourrit et élimine les sécrétions et les excrétions, entend et émet des sons, regarde et est regardé, échange des ondes et des informations.

Sans flux et sans continuité, les corps ne pourraient pas exister.

LES AVANTAGES DU MOUVEMENT

Le corps est plein de *vie* et est en bonne santé tant qu'il vibre intensément sur les fréquences d'écoulement et de l'unité. Là où l'écoulement et la dynamique feraient une note discordante, pourraient faire apparaitre, des douleurs, des piqûres, des sons articulaires ou diverses autres affections qui entraineraient, la perte de dents, l'incapacité du follicule pileux à créer davantage de poils, la stagnation du sang dans des zones de certains vaisseaux sanguins, la stagnation des fluides, la transmission déficiente des impulsions nerveuses dans différentes parties du corps, la dépigmentation progressive de certaines régions de la peau, la guérison difficile et lente des plaies, le ralentissement des processus de création.

La normale, c'est de sentir son corps léger et détendu, et que, chaque mouvement que vous faites doit être agréable et léger, comme quoi, vous abonderiez dans la vitalité.

Lorsque les articulations de vos doigts craquent, suite à diverses flexions et extensions, en fait, vous réalisez un réalignement énergétique permettant une distribution relativement uniforme des énergies dans la région des doigts et des mains. Cet acte peut être considéré comme une forme rudimentaire d'harmonisation des régions desservant cette articulation, ainsi que d'accroître leur réceptivité à la capture des diverses formes d'énergie qui leur sont nécessaires pour se calibrer à une *normale* beaucoup plus élevée.

A ne pas comprendre que les craquements articulaires, les piqûres et les douleurs que vous ressentez n'ont qu'une dimension négative. Il peut arriver qu'une piqûre spontanée et de courte durée se produit dans un point énergétique qui s'est calibré de lui-même à un niveau d'éclat supérieur, et après cette sensation, vous commenceriez à sentir la zone en question comme beaucoup plus détendue et agréable.

Pour savoir quel message porte les sensations que vous ressentez, il est important de bien vous connaître, et pour cela, il faut élever votre intuition et votre niveau de conscientisation.

Ceux dont la densité augmente progressivement tout le long de leur vie, arriveraient à la vieillesse dans une posture où, leur cœur fonctionnerait de façon chaotique et développeraient diverses affections du système cardiovasculaire. Leur capacité de guérison finit par être affectée, car les cellules qui interviennent dans ce processus exerceraient moins de fonctions, auraient des propriétés compromises et n'assureraient plus un défilement naturel des étapes de réparation des tissus endommagés. L'évolution des cellules sera ralentie et la communication et la collaboration entre elles, deviendraient moins efficaces.

Le corps est plein de *vie*, même s'il est immobile, il se trouve toujours dans un flux et une dynamique, à la fois intense et harmonieuse, mais il a néanmoins le besoin d'être mis en mouvement.

Assis trop longtemps dans une position, le corps

commencera à montrer des signes d'inconfort, car vous forcez l'énergie à couler dans quelques directions seulement. Par conséquent, vous pouvez ressentir par endroits de la douleur, des picotements, un engourdissement, une tension ou même une pression.

Tout ce qui est fait en excès peut finir par être destructeur à un moment donné, même si apparemment vous disiez que c'est bénéfique pour vous. Il est indiqué que chaque activité que vous faites découlerait d'un état de forte présence et d'équilibre.

La sédentarité rend le fonctionnement de l'organisme de plus en plus défectueux, ce qui conduit à la:

✓ Limitation d'accès aux différentes formes d'énergie environnante;
✓ Diminution de la vitalité;
✓ Augmentation de la fatigue et de l'apathie;
✓ Malaise;
✓ Douleur;
✓ Ralentissement et compromission des processus de différenciation cellulaire et de construction des tissus;
✓ Stagnation par endroits de certains fluides;
✓ Compromission de la mobilité articulaire;
✓ Apparition de diverses maladies;
✓ Diminution progressive de la compatibilité avec l'expérience de l'incarnation, etc…

Comme on peut le voir dans ce qui est énuméré ci-dessus, la dynamique des cellules ralentit et, certains éléments et cellules n'arriveraient plus en temps opportun et en bonne quantité à leur destination et donc, ne plus remplir correctement leurs fonctions.

Avez-vous déjà réfléchi à la vérité selon laquelle il existe un lien étroit entre la vitalité, la santé, la dynamique, la forme et le poids de votre corps?

En règle générale, les doigts des pianistes sont minces, ce qui facilite leur dextérité et leur élasticité articulaire lorsqu'ils jouent au piano. Les athlètes et les cyclistes se sentent pleins d'énergie, ont un corps fort et allongé, avec une configuration géométrique qui leur permet un déplacement plus rapide et plus facile. Les personnes en surpoids, dont les traits sont voluptueux, se déplacent lentement, ont peu d'endurance et divers problèmes de santé.

Il n'est pas sain ni d'avoir un dépôt important de graisse, ni d'augmenter artificiellement vos muscles à travers toutes sortes de substances chimiques.

La normale c'est, d'être libre de bouger harmonieusement comme vous le souhaitez, sans rencontrer aucun obstacle à cela.

Le simple fait de se fatiguer rapidement, de sentir comment certaines articulations vous empêchent de vous asseoir dans une position naturelle ou de ne pas pouvoir courir pendant quelques minutes constitue un problème qu'il est indiqué de résoudre.

Dans la mesure où vous faites de l'exercice, votre corps se charge d'énergies de toutes sortes. Autrement dit, le corps a la propriété de transformer l'énergie cinétique en d'autres types d'énergie dont il a besoin.

Moins vous bougez, plus vous vous sentez fatigué et apathique. Si vous faisiez autant de mouvements que vous en avez besoin quotidiennement, votre corps aurait une dynamique plus intense et plus équilibrée, et ce facteur influencerait positivement la rapidité avec laquelle vos blessures guériraient. En plus, vous parviendriez à éliminer les substances qui ne sont plus nécessaires pour vous, et les cellules souches seraient dirigées vers les zones en cours de régénération. Vos cellules ne seraient plus soumises à autant de stress oxydatif et resteraient plus jeunes, fraîches et pleines d'énergie plus longtemps. A ne pas comprendre que si vous courez très vite ou beaucoup, tout ce qui est dit précédemment se passerait d'une manière accélérée. En courant de façon chaotique, vous consommeriez plus d'énergie que vous n'accumuleriez et vous videriez le corps d'une partie des ressources déjà existantes. Si vous êtes chaotique à l'extérieur, alors l'intérieur se manifesterait de même et vice versa.

LE CIRCUIT DES ÉLÉMENTS

Rien de ce qui existe n'est parfaitement statique, étant donné que tout est *vivant*.

Toute forme d'expression de l'énergie, qu'il s'agisse de cristal, de pierre, d'arbre, d'insecte ou d'animal, aussi inébranlable que cela puisse paraître, se trouve en réalité dans une dynamique continue au niveau moléculaire, énergétique-informationnel, etc. Même lorsque vous dormez, il y'a une activité particulière à l'intérieur de votre corps. Les éléments grossiers (fluides, gaz et particules solides), ainsi que les énergies subtiles (pensées, émotions, intentions) se trouvent dans un flux et une création permanente.

Comme je l'ai déjà dit, l'énergie ne peut être détruite d'aucune manière, mais se transforme simplement en une infinité d'autres formes, la désintégration étant un processus complémentaire à la création, nécessitant parfois une désintégration pour que, quelque chose de nouveau puisse être créé.

Lorsque l'énergie ne s'écoule pas correctement dans le corps, celui-ci diminuerait en vitalité, tomberait malade et deviendrait moins compatible avec l'expérience de l'incarnation.

Les éléments qui composent la matière considérée comme sans vie, mais qui est en réalité passée à un autre stade de l'existence, finissent par, se subordonner à d'autres circuits, osciller en terme de diminution et d'augmentation de leur dynamique, s'alchimisent et se réinsèrent dans des milieux de vie existants pour ensuite faire partie dans d'autres organismes vivants. Par exemple, dans une forêt, les branches et les feuilles tombées sur le sol, ainsi que les corps inanimés des animaux et des insectes, se décomposeraient et se transformeraient, et les éléments qui les composent continueraient de couler et d'être portés dans la nature, de sorte qu'ils finiraient par devenir une source de nourriture et d'énergie pour d'autres êtres vivants.

Tout ce qui existe fait partie d'un circuit infini, sans début et sans fin.

COMMENT NOUS DÉTERMINENT LES OBJETS

La dynamique de votre énergie s'adapte également en fonction des objets que vous détenez et avec lesquels vous entrez en contact.

Si la profession que vous avez, consiste à manier un instrument ou un dispositif particulier comme un scalpel, un piano, un violon, un pinceau ou un appareil photo, alors vous vous formeriez pour devenir à la hauteur de son potentiel.

Avec des appareils de pointe à portée de main, les gens qui travaillent dans l'informatique ont le sentiment d'innover encore plus pour apporter une valeur ajoutée à ce domaine.

Ceux qui ont acheté des fusils de chasse ressentent une plus forte envie de détruire, de tuer des êtres ou craignent-ils d'être blessés avec leur propre arme.

Certains des détenteurs de fortunes impressionnantes aspirent à avoir encore plus, car ils sentent qu'ils peuvent matérialiser ce qu'ils se proposent. Dans l'antithèse, les pauvres ont tendance à mettre des barrières à leur évolution personnelle, estimant qu'ils n'en ont jamais assez et s'identifieraient beaucoup aux manquements et aux impuissances du moment.

Ceux qui s'habillent en vêtements déchirés, vivant dans une modeste maison dans un quartier pauvre, qui ont un vélo cassé ou une voiture d'occasion, qui mangent bon marché et malsain, ne peuvent pas avoir un certain niveau d'estime, d'amour et de confiance en soi. En conséquence, en s'habituant à la pauvreté matérielle, ils finiront par devenir modestes en termes de profondeur et de complexité des sentiments et des aspirations. En revanche, ceux qui grandissent dans un environnement prospère reflèteront le raffinement et la prospérité par la gestation, le mimé, la pensée, le langage, etc...

Dans certains cas, il existe un lien étroit entre les objets que vous voyez souvent et les relations que vous attirez et construisez. Par exemple, en pénétrant depuis la tendre enfance dans l'univers des livres que vos parents ou grands-parents vous ont offerts, vous pourriez développer un désir intense de lire et d'étudier. Ainsi, lorsque vous voudriez choisir votre partenaire de vie, vous devriez vous sentir attiré par la personne avec qui pouvoir évoluer en connaissances, et qui se sentirait aussi passionnée par les livres. N'importe quel geste en apparence insignifiant, faits par vos parents, peut changer le cours de votre vie et donner une toute autre direction à l'arbre généalogique qui fleurit à travers vous.

Dans d'autres cas, il est possible d'établir vos relations, justement, à travers le prisme d'objets que vous ne possédez pas et dont vous vous sentez privé, même si vous les voulez ardemment. Il y'a des gens qui veulent avoir des vêtements coûteux et des voitures, vivre dans le luxe, et donc, ils se transforment en chasseurs de personnes influentes à côté des quelles ils construiraient d'une manière superficielle des relations basées sur l'intérêt. Au lieu de prendre en considération la compatibilité et le caractère de ceux avec qui, ils veulent être, ils ne se concentreraient que sur ce qu'ils peuvent gagner matériellement, puis ils feront face à la situation où, ils se sentiraient malheureux et vides de l'intérieur. Bien qu'ils semblent trouver leur satisfaction chaque fois qu'ils réaliseraient leur désir de vivre dans la prospérité, ils décadraient sur d'autres plans, auxquels, ils n'accorderaient aucune attention.

Pour avoir des relations qui vous comblent, il faut apprendre à mieux se connaître. Le partenaire de couple vous l'attireriez selon la façon dont vous vibrez et en fonction des croyances que vous avez déjà, de ce que vous avez à offrir et ce que vous voulez qu'il vous apporte dans votre vie. Plus la compatibilité entre vous et votre partenaire de couple augmente, mieux cela reflèterait et correspondrait à la densité de la matière dont votre corps est constitué, à vos sentiments, à vos rêves, à vos désirs et expériences, à l'environnement dans lequel vous vivez, à votre famille, etc…

Toutefois, votre dynamique changerait en fonction de celle, avec laquelle vous voulez former un couple, de telle sorte qu'avec le temps, vous lui ressemblerez de plus en plus, faute de quoi l'incompatibilité serait prononcée.

Prenons l'exemple d'un homme qui a vécu toute sa vie dans un bidonville pauvre où il a acquis une variété de modèles de comportement spécifiques à la médiocrité. S'il irait dans un quartier prospère, peut-être qu'il pourrait rencontrer une fille avec un statut plus élevé et l'aimer, mais tant qu'il continuerait à être incompatible avec les fréquences de prospérité avec lesquelles il vibre, il ne parviendrait pas à la conquérir. Un homme peut sortir d'un milieu pauvre à un milieu riche, mais s'il se sentirait au fond de lui toujours pauvre, il ne parviendrait jamais à améliorer sa situation.

D'une manière générale, si vous vous sentez pauvre, non seulement financièrement, alors, qu'offririez-vous à une personne qui se sent et est, dans l'abondance? Comment pourriez-vous la compléter et pour quelles considérations serait-elle attirée par vous?

L'IMPORTANCE D'ÊTRE FLEXIBLE

L'ensemble des émotions, des pensées, des choix et des synchronicités que vous attirez et créez, continueraient de vous former à chaque instant, étant donné qu'aucune action du passé n'est totalement terminée, son écho existera toujours.

Tous les événements qui vous arrivent tout au long de votre vie s'écoulent les uns des autres. De même, le fil du flux de vos expériences s'interpénètre et est celui du fil de circulation des expériences de toutes les formes de vie existantes, car rien ne se passe d'une manière isolée.

Par exemple, vous ne pouvez pas soudainement passer d'une situation économique médiocre à une situation d'homme riche. Pour faire ce saut, il est nécessaire de:

✓ Concentrer votre attention sur l'enrichissement

à travers autant de plans que possibles;

✓ Se sentir déjà prospère, de sorte que vous vibreriez intensément sur les fréquences de la prospérité;

✓ Passer outre des limites et des impuissances que vous avez appropriées;

✓ Renoncer aux habitudes et aux comportements caractéristiques des pauvres;

✓ Investir dans les atouts et les qualités que vous avez;

✓ Prendre conscience du chemin qui est nécessaire à parcourir, de sorte que vous parveniez à donner ce quelque chose précieux que vous avez à offrir;

✓ Développer votre discipline intérieure et votre confiance en votre pouvoir de manifester votre abondance;

✓ Vous former des principes vous permettant d'évoluer harmonieusement;

✓ Écouter votre intuition afin que vous fassiez les bons choix, etc…

À travers le prisme des intentions, des désirs et des rêves que vous avez, vous seriez influencé par les ondes d'énergie qui appartiennent à votre avenir, un avenir qui se poursuit d'ailleurs et qui est *un* avec l'avenir de toute autre forme de vie existante.

Être *en ce moment*, suppose qu'au moment présent vous soyez conscient de la fusion parfaite entre les énergies du passé et celles du futur, le présent étant l'expression de leur fusion.

Ceux qui pensent beaucoup au passé et qui peuvent vivre leur présent en fonction des expériences qui se sont produites, sont ignorants par rapport aux façons dont ils peuvent façonner les énergies de l'avenir. Celui-ci peut leur apporter infiniment plus de joies et d'épanouissements que leurs a apporté le passé. La dynamique de l'énergie de ces personnes deviendrait similaire à celle qu'ils avaient dans les moments qu'ils revivent souvent, à l'aide de souvenirs, mais parfois celle-ci décadrait, parce qu'ils donneraient de l'ampleur aux états négatifs dans lesquels ils s'enfoncent. Métaphoriquement parlant, ils choisissent de vivre dans une cage à souvenirs, de résister au flux et d'ignorer le fait qu'au-delà, il y a beaucoup d'expériences merveilleuses avec lesquelles ils peuvent se synchroniser. Étant têtus et principalement inflexibles, ils seront toujours malheureux, car en s'opposant au flux, ils souffriront.

En regardant souvent vers le passé, c'est comme si vous êtes sur un chemin, et au lieu de regarder vers l'avenir, vous choisissez de regarder en arrière, ce qui vous fait perdre votre attention de la route et trébucher sur toutes sortes d'obstacles.

L'eau nous donne à tous un exemple de ce que signifie:

- ✓ Faire de la place à travers et entre les obstacles, voire passer outre, selon le cas;
- ✓ Ne pas considérer les gens comme des murs quand il s'agit de leur dire ce que vous ressentez, mais de croire en votre pouvoir, à fin de leur insuffler vos sentiments et vos paroles;
- ✓ S'adapter à la situation que vous traversez, mais en même temps la façonner selon vous;
- ✓ Être flexible et se transformer facilement, quel que soit l'environnement dans lequel vous vous trouvez;
- ✓ Élargir vos horizons et vous permettre d'englober autant que possibles;
- ✓ Regarder et aller vers l'avant et passer à de nouvelles expériences;
- ✓ Prendre conscience que vous êtes alimenté à chaque instant par une multitude de *sources* et que

vous êtes *la source* d'autres formes de vie;
- ✓ Couler vers de nouvelles expériences qui couleraient en même temps que vous;
- ✓ Rester clair ou trouble en fonction des circonstances;
- ✓ Stagner dans diverses postures ou couler;
- ✓ Refléter l'extérieur qui change toujours;
- ✓ Briller, quelles que soient les circonstances, etc…

Ceux qui ont formé une habitude de s'opposer à leur propre croissance et aux expériences qu'ils attirent ne font que se retrouver dans un état où la souffrance et le mécontentement prévalent.

L'une des approches les plus appropriées que vous pouvez avoir lorsque vous regardez vers votre passé, votre présent et votre avenir est, de les embrasser et de les accepter, étant donné que vous avez été, êtes et serez pour la plupart, le créateur de votre vie, mais vous n'êtes pas le seul. Nous disons cela parce que nous sommes *tous* la même *énergie* et que nous nous déterminons les uns des autres dans la mesure où nous résonnons en tant que niveau de sensibilisation.

Chaque expérience qui vous est arrivée dans cette vie, qu'elle soit agréable ou désagréable, est devenue une partie de vous. Si vous manifestez le rejet des souffrances que vous ressentiez autrefois, vous rejetez en fait les parties de vous qui contiennent l'information de ces moments, et ainsi vous amplifiez votre sentiment d'isolement. Comment se sentir beau et joyeux alors que, vous vous faites du mal?

Ayant de nombreux regrets et manifestant de la haine et du rejet de divers aspects de votre vie, vous vous limitez et vous vous détestez en tant que créateur. Votre création est d'autant plus parfaite que l'est aussi l'amour et l'acceptation que vous offrez à l'existence et, par conséquent, à vous-même.

À chaque fois que vous voudriez que certaines expériences passées disparaissent, d'une part, vous vous regrettiez, vous rejetiez et vous vous reniiez, et d'autre part vous ne vous imprégniez pas dans les profondeurs de ces moments que vous aviez d'ailleurs attirés, pour vous pousser à manifester une connaissance complexe.

Essayer de fuir ou de se cacher de votre passé, des souvenirs qui vous troublent encore et vous font ressentir un état de détresse et d'inconfort, vous montre que vous n'avez pas encore guéri de vos blessures intérieures. En conséquence, ils continueront à faire surface jusqu'à ce que vous arriviez à les accepter, et ainsi, vous permettre à vous ouvrir sur de nouvelles expériences.

Une fois que vous comprenez que tout ce que vous avez choisi à un moment donné était adapté au niveau de connaissances, de compréhension et de sentiments que vous aviez en ce moment-là, vous ne chercheriez plus les raisons qui vous rendent furieux ou en colère.

Pour avoir le moins de regrets possible, il est indiqué de:

✓ Agir à partir d'un état de forte présence;
✓ Aborder chaque situation du point de vue de vos parties les plus sages;
✓ S'impliquer à chaque instant à un point tel, que vous soyez satisfait des choix et des actions que vous faites;
✓ Chérir *la vie* et se réjouir parce que vous *existez*, etc.

Vous pouvez considérer votre passé comme un maître qui vous montre, quels aspects sont nécessaires, pour leurs accorder plus d'attention afin de les améliorer. C'est à vous de choisir de continuer à souffrir pour quelque chose qui s'est passé à un moment donné, ou de décider de créer de plus en plus consciemment votre avenir, en restant fidèle au moment présent.

Il est beaucoup plus précieux de concentrer votre attention à la croissance sur tous les plans, que sur ce que vous regrettiez et pensiez par manque de connaissance que, soit n'était pas conforme à ce dont vous aviez besoin, soit ne correspondait pas à ce que vous désiriez.

Aucune des expériences que vous attirez n'est strictement négative. En termes de dualité, chacun de nous est un ensemble d'énergies positives et négatives. Lorsque vous faites face à une situation particulière, celle-ci sera l'expression de tout ce que vous êtes, comprenant à la fois les aspects positifs et les aspects négatifs. Dans le cas où, vous regardez cette situation dans une perspective d'ensemble, vous constateriez qu'elle vous est également bénéfique, dans le sens qu'elle vous aidera à devenir plus concentré, plus fort et plus sage, du fait qu'elle découle d'une multitude d'autres expériences qui peuvent vous apporter plus de valeur et de bonheur dans votre vie.

L'optimiste choisit de voir le côté positif en particulier, tandis que le pessimiste observe particulièrement le côté négatif, mais ils rejettent tous deux la réalité, celle qui suppose que, toute paire de polarité se produit d'une façon synchrone et a le potentiel d'éveiller des sentiments complémentaires en chacun de nous.

L'optimisme est bénéfique et enrichissant dans la mesure où il vous aide à sortir de l'état de souffrance momentanée et faire le saut quantique vers un état supérieur de l'*être*. Au lieu de cela, il peut être destructeur au moment où il se transforme en un mensonge. Plus précisément, vous pouvez vous regarder tous les jours dans le miroir et vous dire que tout est merveilleux, que vous êtes heureux, aimé et en bonne santé, même si votre réalité est toute autre.

Les affirmations positives sont rafraîchissantes et utiles car, elles vous poussent à faire de votre mieux pour mettre en pratique ce que vous prononcez, et à travailler avec vos pensées et vos émotions de manière à y croître.

L'existence offre et prend à chacun en fonction de ce que:

- ✓ Il est, perçoit ou qu'il a perçu;
- ✓ Il mérite, il estime qu'il mérite et de ce que les autres estiment qu'il mérite;
- ✓ Il a besoin, il pense qu'il a besoin et de ce que les autres pensent qu'il a besoin;
- ✓ Il souhaite et de ce qui est souhaité par les autres;
- ✓ Il prend et offre à ceux avec qui il inter-actionne, etc…

Tout ce que vous avez vécu jusqu'à présent est *un* avec vous et il n'y a donc aucun moyen d'effacer les informations se trouvant à l'intérieur de vous, même si vous semblez avoir oublié une multitude de détails.

Un des facteurs qui conduit aux troubles de la mémoire est la déclaration fréquente d'affirmations telles que: *Je suis un oublieux, Je ne sais plus ce que j'ai fait il y'a une semaine, Je ne me souviens plus de ce que j'ai rêvé, J'espère me rappeler ce que je me suis proposé de faire, Peut-être que je n'oublierai pas les détails.* Tout cela accentue le sentiment chimérique d'isolement envers bon nombre d'informations qui sont *une* avec vous.

En regardant dans votre passé et en faisant une brève introspection, vous constateriez que dans plusieurs moments, vous ne reviviez consciemment que trop peu. Cela se produit parce que tout au long de votre vie, vous n'étiez pas tout à fait présent dans *l'ici* et dans *l'immédiat*, vous n'aviez pas accordé toute l'attention à certains aspects et vous n'aviez pas mis de prix sur les différents détails du tableau d'ensemble.

À mesure que vous deveniez plus conscient de ce que vous décodez au niveau sensoriel et extrasensoriel, vos souvenirs deviennent plus nombreux, plus clairs et plus détaillés.

Ce que vous avez oublié en fait, vous l'aviez traité avec superficialité et précipitamment, vous avez jugé qu'il n'était pas important ou qu'il n'était pas adapté à vos attentes, à vos désirs et à vos rêves. Vous n'étiez pas attentif à ce que vous ressentiez à l'égard de ces personnes et de ces événements, ou vous pensiez qu'il n'y avait aucun moyen de vous souvenir de tout cela, car vous aviez l'habitude de souscrire votre cerveau à des limitations, même si vous n'utilisiez que quelques pourcentages de sa capacité.

L'oubli est devenu *la normale* que nous rencontrons partout et est inversement proportionnel à l'élévation du niveau de conscientisation. Autrement dit, à mesure que vous devenez plus conscient de vous-même, vous vous souviendriez de plus en plus de détails de votre passé, de vos rêves, etc…

Les états intérieurs se trouvent également dans un flux permanent. On pourrait dire qu'apparemment, les moments de tristesses ou de colères se déclenchent soudainement, mais avant de les manifester, il y'a à l'intérieur de vous, des transformations qui les génèrent avec une transition graduelle.

La façon dont vous parvenez à résoudre vos problèmes et à vous ouvrir à de nouvelles expériences est l'expression de la flexibilité et de la confiance sur les fréquences desquelles vous vibrez. En ne prêtant pas attention aux directions que prennent vos pensées et vos émotions, vous seriez surpris par l'apparition d'états qui surgissent de nulle part et que par la suite, vous pourriez les regretter.

Il est essentiel d'apprendre l'art de passer facilement d'un état *négatif* à un état *positif*, dans lequel, vous parviendriez à rester stable aussi longtemps que possible sans vous perdre dans des états de faibles fréquences. À ne pas confondre ce passage, qui se fait facilement, avec l'instabilité émotionnelle qui se produit rapidement et de façon chaotique en passant d'un état à l'autre.

LA MAGIE DE L'INTUITION

En général, votre être comprend une multitude de particules de vie, et chacune d'entre elles a sa propre dynamique. Ainsi, au niveau de votre corps, on peut trouver une gamme variée de dynamiques, des plus lentes aux plus intenses, qui coexistent toutes de manière plus ou moins harmonieuse. Vous ne pouvez pas être seulement lent ou seulement rapide, vous êtes simultanément dans les deux situations.

Si vous regardez un homme qui est dans un état profond de méditation, en apparence, vous pouvez dire à son sujet qu'il est dans un état d'immobilité, où rien de spécial ne se passe. De même, vous pourriez aussi penser de n'importe quelle autre personne qui dort, par exemple. En réalité, bien que l'extérieur semble inébranlable, l'intérieur se trouve dans une dynamique intense. Dans la mesure où, vous choisissez de ne pas vous concentrer uniquement sur les expériences que l'extérieur peut vous offrir et prêter attention aussi à la vie de votre intérieur, vous découvririez un *univers* trop peu exploré et qui a une infinité de cadeaux à vous offrir.

En oscillant d'une manière équilibrée entre profiter des dons que vous offrent *l'extérieur* et *l'intérieur* de votre *être*, vous parviendriez facilement à faire sortir à la surface, la connaissance qui est *une* avec vous et *guérir* plus rapidement, à la fois *physiquement* et *spirituellement*.

Vous n'avez pas nécessairement besoin de méditer, dormir, ou faire du yoga pour percer dans *l'univers intérieur*, vous pouvez aussi bien courir, cuisiner, danser, peindre, nager ou entreprendre tout autre type d'activité. La méditation n'est que le début de ce voyage conscient dans les profondeurs de votre être. À un moment donné, vous seriez surpris qu'il vous arrive spontanément d'avoir des réflexions et des expériences révélatrices que vous n'aviez initialement, que dans les moments de méditation. Selon l'art de maitriser les énergies subtiles, lorsque vous êtes dans la solitude dans une atmosphère de calme et de paix, vous pouvez être sûr qu'il sera de plus en plus simple pour vous de le faire, même dans un environnement que d'autres pourraient trouver stressant ou bruyant.

Métaphoriquement parlant, vous pouvez comparer la méditation avec les moments où vous avez appris à faire du vélo, et les consciences qui se produisent par elles-mêmes dans la vie quotidienne, avec l'équilibre que vous gardez naturellement lorsque vous faites du vélo. Lorsque vous pédalez, vous ne pensez pas à ce que vous devez faire pour maintenir votre équilibre, il suffit tout simplement de suivre la voie que vous avez choisie. La méditation enflamme ces étincelles en vous, qui déclenchent une réaction en chaîne. Celles-ci, vous emmèneraient à l'intuition, à pouvoir décoder et percevoir clairement les réalités environnantes.

Au fur et à mesure que les particules de vie qui vous composent font augmenter leur luminosité, vous accéderiez de plus en plus à l'information sur les événements à venir. La connaissance spontanée et intuitive peut vous amener à éviter les événements désagréables ou à être prêt pour ce qui deviendra inévitable.

En faisant attention à ce que vous ressentez, vous remarqueriez que parfois, vous êtes averti sur ce qui va se passer. Donc, si la dimension énergétique de certains événements qui se produiront à l'avenir va être celle de la souffrance, alors vous serez en mesure de percevoir avant leur concrétisation un état de malaise. Il en va de même avant les moments qui vous apporteront des épanouissements et des joies, auquel cas, vous pouvez ressentir un bonheur croissant.

L'inévitabilité d'expériences désagréables qui vous concernent vous plus que ne concernent les autres, est autant plus grande que le sont vos oscillations chaotiques. Donc, dans la situation où, soudainement vous ne vacilleriez plus et vous vous maintiendriez dans une relative constance, vous auriez le temps d'anticiper ce qui va se passer.

Le passé, le présent et l'avenir sont *un* d'un point de vue énergétique, comme, un seul point, contient une infinité de points. À n'importe quel moment de votre vie, vous êtes le produit de tout ce qui a été, qui est, et qui sera. Les particules de vie qui vous composent comprennent la connaissance de tout ce qui s'est passé, se produit et se produira, mais chacune d'elles s'exprime en fonction de plusieurs paramètres. Autrement dit, au fur et à mesure que vous vous ascensionnez, vous accédez et exprimez plus de connaissances et d'expérience. Par exemple, les rêves prémonitoires et l'intuition, sont l'expression de l'accès aux informations qui se réfèrent aux événements qui pourraient se produire à l'avenir.

Dans la situation où, votre vibration globale est beaucoup plus au-dessus de quelques-unes des expériences avec lesquelles vous pourriez vous synchroniser, vous pouvez les prévoyez, les sentir et savoir tout simplement comment les éviter et vers quelles directions vous diriger.

Les personnes dont l'énergie manifeste une dynamique lente et chaotique en même temps:

- ✓ Sont lentes dans la pensée et l'action;
- ✓ Sont maladroites et ont des réflexes retardés;
- ✓ Regardent superficiellement la vie;
- ✓ Ont la volonté et la détermination diminuée;
- ✓ Accordent trop peu d'attention aux détails;
- ✓ Souvent n'anticipent pas les dangers au bon moment et ne prennent pas les mesures de sécurité nécessaires;
- ✓ N'induisent pas assez bien les choix qui favorisent leur croissance;
- ✓ Pensent rarement à leur avenir ou à la façon de devenir une meilleure version, etc...

Nous sommes tous dans un processus continu d'évolution. Ceux qui expriment maintenant une dynamique lente, finiront à un moment donné par être beaucoup plus brillants et faire des choix qui soutiendraient leur épanouissement.

La dynamique est l'un des facteurs qui déterminent:

- ✓ La conduite des processus de création et de désintégration;
- ✓ La préservation de l'apparence jeune, le rajeunissement ou l'accélération du processus de vieillissement;
- ✓ La rapidité avec laquelle les processus de guérison s'effectuent;
- ✓ La forme et la taille de chaque forme de vie;

- ✓ Le façonnement de tout ce que nous considérons espace;
- ✓ La manière dont chaque être perçoit le *temps*;
- ✓ La création, l'émission et la capture de la lumière (chaque forme de vie crée, émet et capte la lumière, plus sa dynamique est intense, plus elle brille mieux), etc…

*Ce que vous considérez maintenant
comme faiblesse, vous sera à un
certain moment de la force et
inversement.*

LE PRINCIPE DE RÉSONANCE

L'ensemble des vibrations de toutes les particules constituant une structure ou une forme de vie particulière forme la vibration globale de la structure de référence, respectivement, la forme de vie elle-même. Autrement dit, si nous prenons comme exemple la pêche (le fruit), nous pouvons parler de la vibration globale de la pêche prise dans son ensemble ou de la vibration globale de chaque composant, la racine, le tronc, la branche, la feuille, le fruit, les pépins, la cellule photo-réceptrice, etc...

Les particules de vie sont attirées par les différents corps et en fonction de leurs vibrations globales et de leurs besoins énergétiques.

Contrairement aux fruits qui commencent à pourrir, ceux qui sont en pleine croissance et développement sont nutritifs et ont une couleur vive et une saveur particulière, étant donné qu'ils attirent une multitude de particules dont l'éclat est beaucoup plus intense.

Les graines tombent ou sont transportées par le vent, l'eau, ou différentes espèces vivantes, exactement à l'endroit où elles résonnent. Selon cet aspect, leur germination sera subordonnée à des environnements plus ou moins favorables. En apparence, on pourrait dire de certaines graines qu'elles n'ont pas atterri dans le bon environnement, mais en réalité, leur conscience a attiré les mauvaises conditions de croissance et de développement des êtres végétaux qui composent leur projet de création.

La complexité et l'unicité des codes créatifs peuvent être observées par le fait que toute partie constitutive de toute forme de vie, a ses propres caractéristiques. Par exemple, les pétales et les molécules de pollen sont uniques en termes d'intensité, de variété et de disposition de couleurs, utilisant dans une certaine quantité, les pigments dont elles se nourrissent de l'environnement dans lequel elles se trouvent.

Chaque espèce existante a une façon unique de se nourrir et est particulièrement compatible avec certaines fréquences et informations. Par exemple, certains vivants consomment du pollen, d'autres du bambou, des fruits, des cônes de sapin, des racines, des glands, etc. Toutes les vies ne sont pas attirées par la consommation des mêmes formes d'énergie, car chacune résonne particulièrement avec quelque chose en particulier.

En outre, chaque espèce est sur les mêmes longueurs d'onde que le climat et les particularités géographiques de son milieu de vie. L'orchidée ne pourrait pas pousser dans une région polaire, tout comme les sapins ne s'inscriraient pas dans une zone désertique. En apparence, on pourrait dire que ce sont les particularités climatiques, et non seulement, de chaque région de la Terre, qui déterminent l'existence de certains êtres, mais les êtres aussi participent à la création de leur habitat.

Les vibrations qui se trouvent dans l'environnement dans lequel nous vivons, mettent aussi leurs empreintes sur nous. Par exemple, une plante qui ne bénéficie pas de toutes les conditions optimales de sa croissance et de son développement, aura du mal à s'épanouir, sa fructi-fication sera compromise. Au fil du temps, si elle n'aura pas assez d'eau ou de lumière, la plante stagnera, ses feuilles sècheront et tomberont, avec la possibilité de ne plus atteindre la maturité.

Il en va de même pour l'homme et tout autre être. L'homme qui vit dans un environnement toxique subit une série de transformations, sa vitalité diminue, ses couleurs corporelles s'estompent, il vieillit plus tôt, des rides lui apparaissent, il grisonne très jeune, ses cheveux tombent sur fond de stress, il développe diverses affec-tions, il devient infertile, il cesse de se synchroniser avec une série d'opportunités, la puissance de matérialisation de ce qu'il veut, diminue, il se heurte à toutes sortes d'obstacles et finirait par ne pas atteindre ce qu'il s'est proposé de faire.

Il n'est pas correct de dire que, vous n'attirez et créez, que d'après la façon dont vous *êtes*, parce que votre évolution est directement liée à l'environnement dans lequel vous vivez et aux gens qui vous entourent et qui influencent d'une manière ou d'une autre votre façon d'*être*.

Si vous vous trouvez dans un contexte qui vous est défavorable, qui ne vous soutient pas dans votre direc-tion, il se peut que, même si vous désirez énormément une chose, vous auriez du mal à la matérialiser.

Il y'a des moments dans la vie où, vous êtes tout simplement dans la posture d'avoir à tolérer certaines situations que, non seulement vous n'aimez pas, mais qui ne résonnent même pas avec vous. Ces situations peuvent représenter soit un devoir moral envers quel-qu'un en particulier, soit une transition vers une nou-velle étape, soit une contrainte, tout en ayant le poten-tiel de réaliser certains de vos souhaits. Au cours d'une telle période, il se peut que les personnes dont vous avez en quelque sort besoin de vous entourer, qu'il s'agisse même de membres de votre famille, aient par endroits une influence inefficace sur vous, alors que d'autres fois, vous mettent dans des situations ayants la capacité de vous rendre plus fort. Pendant tout ce temps, même si vous essayez de réussir ce que vous vous proposez, les pensées négatives dont vous êtes la cible, et les attentes que ces personnes ont de vous, vous saboteraient du fait qu'elles vous créent des tensions.

Parfois, il est préférable de tenir pour vous-même ce que vous voulez matérialiser dans votre vie, même si cela dérangerait ceux qui ne savent pas comment gérer leur sentiments et qui se sentiraient blessés par le fait que, vous ne leur partagez pas autant qu'ils aimeraient, les choix et les actions que vous entreprenez.

Il est très simple de bien évoluer et de se maintenir en équilibre lorsque vous avez les conditions et le soutien nécessaire.

Si vous voulez vous épanouir à votre vrai potentiel, il est essentiel de commencer par créer votre environnement favorable, même si cela impliquerait d'apporter des changements majeurs à votre vie: renoncer aux habitudes non bénéfiques, s'éloigner de certaines personnes, changer votre maison ou votre emploi, choisir un mode de vie différent et une autre alimentation, se reconvertir professionnellement, etc...

Beaucoup pensent que la matérialisation de quelque chose en particulier n'aura lieu que lorsque le moment serait venu, mais, qui fixe le bon moment? Selon la confiance que vous avez en vous et selon la certitude que vous soyez digne d'être épanouis, vous vous fixeriez dans la tête l'idée que, tôt ou tard, vous le seriez.

La dépendance à l'égard d'un mode de vie qui ne vous est pas bénéfique, n'est rien d'autre que l'habitude et la complaisance dans les vieilles habitudes, contournées autour d'automatismes et d'attachements. Vous pouvez toujours concentrer votre énergie et votre attention sur de nouvelles directions choisies parmi les sentiments les plus élevés.

Une particule exprimant une conscience plus basse a tendance à croître en éclat si elle est entourée de particules de consciences plus élevées et non, par des particules de consciences similaires. Dans le second cas, elle ne bénéficierait pas des mêmes facteurs catalytiques qui favoriseraient son ascension. Par exemple, pour un élève de niveau intermédiaire, le désir d'élever sa capacité intellectuelle se produirait s'il était dans une classe pleine d'élèves éminents, que s'il faisait partie d'une classe d'élèves semblables ou même plus faibles.

Lorsque vous cherchez à sortir de vos chablons et de votre zone de confort, il est préférable d'être dans des endroits où vous seriez entouré par des gens et d'autres formes d'énergies qui créeraient un environnement adapté à votre croissance, qui vous apporteraient une valeur ajoutée, qui vous donneraient la tranquillité intérieure et qui vous donneraient un bien-être général... Tout cela, vous stimulera la soif de la connaissance, le courage de rêver, de viser de plus en plus haut et d'agir conformément à votre intuition, à l'imagination et à la créativité, au pouvoir de matérialisation, à la clarté avec laquelle vous faites vos choix, etc... Dans une telle situation, vos cellules seraient contentes d'inter actionner avec eux par le regard, le sourire, la communication, la pensée, le toucher et soient influencées par leurs éclats. Vous pouvez sentir cette joie de l'interaction au niveau de l'énergie comme une vague de chaleur intérieure agréable qui s'intensifie progressivement.

Certains individus sentent que la présence de certaines personnes, a un impact bénéfique sur l'amélioration de leur condition physique, mentale, émotionnelle et spirituelle, car elles leur créent, métaphoriquement parlant, un environnement *fertile*. Cependant, ils choisissent de ne pas faire les efforts nécessaires pour améliorer leur qualité de vie et ils se résument à utiliser leur entourage, sans lequel leur état s'aggraverait considérablement.

Lorsque vous prenez l'habitude de faire appel souvent à l'aide de ceux qui vous entourent, sans essayer préalablement de vous aider vous-même, vous deviendriez faible à leurs yeux. Bien sûr, vous ne pouvez pas continuer éternellement dans cette situation, car tant celui qui vous aide, que l'aide que vous recevriez vous seront utiles, pendant un certain temps, après quoi, vous vous retrouveriez seul, avec vous-même.

Il est important de prendre en considération le fait qu'à un moment donné, vous seriez susceptible de perdre l'aide de ceux sur qui vous comptiez et de vous retrouver dans une situation encore plus mauvaise que celle dans laquelle vous étiez auparavant.

Plutôt que d'être dans une recherche continue de soutien de ceux qui vous entourent, vous devriez chercher en vous la force nécessaire pour vous soutenir.

Même si quelqu'un vous aide à atteindre un niveau supérieur à celui avec lequel vous êtes compatible, vous continueriez d'être attiré par les expériences et les personnes avec lesquelles vous résonnez, et tôt ou tard vous arriveriez exactement à votre place. C'est bien de s'entraider, mais il n'est pas éthique de profiter de la gentillesse des autres. Chacun est responsable de sa propre personne, et le vrai salut vient de nous-mêmes, peu importe l'aide extérieure que nous recevons. Le fait même d'atteindre un certain niveau sans n'avoir dépendu de personne et sans avoir eu recours à l'aide des autres, impliquerait le fait de trouver sa force et d'aiguiser ses qualités et ses compétences, de sorte à parvenir d'arriver à aller encore plus loin.

Les personnes qui se veulent être mentis, utilisées et manipulées par d'autres, tomberaient dans des schémas liés à la miséricorde ou finiraient même par jouer le rôle du sauveur. Dans les conditions où elles acceptent d'être utilisées, elles paieraient avec leur propre éclat, qui, dans certaines situations, finira par diminuer tellement qu'elles peineraient à en revenir.

Parlant d'une façon générale, vous ne pouvez être *le sauveur* d'une personne qui vous utilise à ses dépens mais plutôt *une victime,* si c'est ce que vous choisissez d'être.

Le maitre-nageur et le pompier peuvent être considérés comme des sauveteurs dont les interventions sont rapides et temporaires. Lorsqu'un homme risque de se noyer, le maitre-nageur va au large pour l'aider, mais il ne restera pas indéfiniment dans l'eau tourbillonnante avec lui dans ses bras, d'autant plus que celui-ci coopèrera pour qu'on lui sauve sa vie.

Vous avez certainement rencontré des gens qui, tout en cherchant à être aidés, ne font rien pour se sauver eux mêmes, et ne coopèrent pas avec ceux qui ont l'intention de les sortir de l'impasse. C'est comme si la personne qui se noyait résistait au maitre-nageur, lui mettant sa vie en danger. Si vous êtes déjà dans une situation similaire où vous jouez le sauveur, il est indiqué que vous fassiez des choix assumés à cet égard.

Le choix n'est pas aussi bénéfique si vous restez à côté d'un homme à qui vous faites du bien, et qui, d'une manière ou d'une autre, ralentit considérablement votre ascension, détériore votre santé et fait de sorte que vous décadriez.

LA CAPACITÉ À SE MATÉRIALISER

Tout ce que vous attirez est en parfaite harmonie avec la façon dont vous vibrez. Il est inutile de vouloir quelque chose en particulier, si vous ne vibrez pas intensément sur les bonnes fréquences et n'axez pas votre attention et votre énergie dans cette direction. En même temps, les souhaits de chacun sont l'expression de sa conscience, il n'y a donc rien à juger des souhaits des autres et à les considérer comme inférieurs ou supérieurs à vos normes.

La matérialisation se produit à des moments où votre pensée, votre sentiment et vos actions vibreraient en grande partie à l'unisson. Si vous vibrez avec *tout* votre être sur le fait d'être financièrement *libre*, d'avoir une relation dans laquelle l'aspect de nature sexuelle connaîtrait un épanouissement beaucoup plus profond ou d'attirer un partenaire avec lequel atteindre des niveaux intenses d'amour, de connaissance et d'éclat, alors tout cela se produira.

La force de matérialisation est d'autant plus grande que si vous êtes plein de vitalité, et que la dynamique de votre énergie, plus harmonieuse.

Une personne pleine de vitalité exprime souvent son côté créatif, mais elle doit faire attention au fait qu'en ayant un pouvoir intense de matérialisation, à un moment d'identification prononcé, par une simple pensée négative à l'égard d'une personne en particulier, peut y attirer des expériences négatives. Autrement dit, aussi facile qu'il soit pour lui de matérialiser le beau dans sa vie, il est aussi facile qu'il soit parfois, dans les moments de décadence, de matérialiser les aspects considérés comme négatifs.

Avec votre évolution, il est naturel de devenir plus

profond et plus assumé, ainsi que, de comprendre que toute oscillation discordante qui pourrait vous arriver peut déstabiliser ceux qui vous entourent et ceux à qui vous vous rapportez mal. Plus vous arriveriez à manifester un pouvoir croissant de matérialisation, plus il est nécessaire aussi d'être conscient des effets des pensées négatives et des jugements de valeur que vous pourriez émettre à partir d'un état de colère ou de révolte, car ils pourraient se réaliser plus rapidement et avec une intensité accrue.

Une personne abondante dans l'éclat, parvient facilement à être souvent heureuse et aimante, étant donné qu'elle a formé un mode de vie qui reflète la tranquillité intérieure, tandis qu'une personne épuisée, dont la lumière intérieure clignote, a très rarement un visage serein et donne rarement par amour. Dans l'antithèse, le brillant s'attriste et se met rarement en colère et ne le fait que quelques instants, tandis que celui qui choisit de se livrer à des états de faibles vibrations est toujours mécontent et souffrant.

Beaucoup de gens se considèrent comme bons simplement parce qu'ils ont l'impression de ne pas nuire aux autres et sont convaincus que, de ce fait, ils ne devraient attirer que de belles expériences. Parmi eux, on trouvera aussi ceux qui ont un caractère mou, qui sont miséricordieux et faciles à manipuler, qui ont une estime de soi exagérée, qui se laissent utiliser par ceux qui poursuivent leurs propres intérêts, qui considèrent que le sacrifice de soi ne peut être qu'une vertu, qui se complaisent dans le rôle de victime, etc…

Être faible n'est pas la même chose qu'être bon. Les spéculateurs et les profiteurs appellent ceux qui sont à portée de main *bons*, car cela les pousse subtilement à devenir encore *plus bons* et donc plus faciles à utiliser.

Les gens qui se croient *bons* sont en réalité faibles,

étant l'expression de contextes passés qui ont mis leurs empreintes sur eux et sur ceux dans lesquels, ils continuent à se créer. Il ne suffit pas de changer son environnement pour pouvoir progresser rapidement. N'étant pas ouverts à devenir plus forts, ils attirent les mêmes typologies humaines, où qu'ils aillent.

Un homme vraiment bon a une connaissance qui lui permet d'être sage, intègre et digne, ne se laisse pas manipuler, ressent intuitivement les intentions de ceux qui l'entourent, se voit exactement comme il est, il se donne et offre de l'aide à chacun, en fonction du potentiel qu'il a, et au mérite de chacun, il se concentre sur l'évolution croissante, etc…

Les gens que vous attirez sont comme une expression du talent avec lequel vous créez votre vie. Imaginez l'homme dans deux postures: dans celui d'un homme *bon*, le nectar qui attire les insectes à haute vibration, comme le sont les papillons et les abeilles, ou celui de l'homme *faible*, la pomme pourrie qui attire les mouches et les vers. Il n'est pas suffisent d'être un homme de valeur. Il est important de réussir à vous voir à votre véritable éclat afin que vous vous entouriez consciemment de personnes qui ont une valeur similaire à la vôtre. Dans les conditions où vous avez l'habitude de vous sous-estimer, il est possible de penser que vous êtes digne du moins que ce que vous méritez réellement, dans ce cas, vous allez attirer des expériences et des personnes qui ne seraient pas l'expression de ce que vous êtes, mais un reflet des perceptions erronées que vous avez.

En ce qui concerne d'atteindre les bonnes dynamiques pour matérialiser un certain désir, ce n'est pas si important la période quand elles étaient en vous, mais de la clarté avec laquelle elles vibraient à travers vous, de a fidélité et de la concentration que vous parveniez à ressentir par rapport à elles. Si vous ne vous sentez pas stable dans ce désir et que vous oscillez de façon chaotique et incrédule vers une multitude de directions floues, bien sûr que vous ne parviendriez pas à réaliser beaucoup de ce que vous vous êtes fixé.

La plupart des gens rêvent de rencontrer leur moitié, mais seule une partie d'entre eux trouvent la joie dans la matérialisation de leur désire. Parmi ceux qui restent seuls ou accompagnés d'une mauvaise personne, sont ceux qui ne savent pas ce qu'ils veulent vraiment de la vie, d'eux ou de leur partenaire, qui ne sont pas sûrs de leurs choix et de leurs sentiments, qui sont instables, qui choisissent d'être mécontents, qui ne croient pas au fond d'eux même qu'ils sont dignes de l'amour de quelqu'un. Quant aux *chanceux*, pour certains, il leurs faut de nombreuses années pour réaliser leur rêve, tandis que pour d'autres cela ne leur prend que quelques jours, quelques semaines ou quelques mois à partir du moment qu'ils ont pris la décision de l'entreprendre.

Mais il y a aussi des gens qui sont à la recherche du bon partenaire toute leur vie, et c'est précisément leur recherche qui pose problème car chercher n'est pas synonyme de trouver.

Sentant intensément que vous avez déjà trouvé ce partenaire, qui, à son tour, est sur les mêmes longueurs d'onde que vous, vos énergies ne feraient que s'attirer d'une manière parfaite, quelle que soit la distance *physique* entre vos corps, et génèreraient les synchronicités qui vous rassembleraient.

Il est important de comprendre, de visualiser et de nommer clairement les aspects que vous voulez améliorer. Par exemple, si vous avez l'intention de grandir dans l'amour, la force ou le courage, vous vous améliorerez autant que votre conscience le permet, mais il y aura toujours infiniment plus que tout ce que vous pourriez traduire en mots. Le mot *amour* est utilisé de manière courante, mais ce que chacun ressent lorsqu'il le prononce est unique, et a sa propre dimension énergétique.

Vous pouvez croire que si vous vous dites clairement que vous voulez être un homme à succès, il est tout à fait normal de matérialiser cette réalité, sauf que, intervient ici l'aspect suivant, pour devenir un homme à succès, il est nécessaire d'exceller dans un domaine particulier et de se connaître si bien, que vous sauriez exactement à quoi vous seriez tout simplement brillant. Donc, avant tout, ce n'est pas le succès que vous devriez chercher, mais l'accomplissement de ce quelque chose qui est votre don le plus précieux, et suite à cela, votre succès viendra de lui-même.

Certaines personnes mettent habituellement en cause la malchance et le manque d'opportunités pour tout ce qu'elles ne parviennent pas à réaliser, sans tenir compte du fait qu'elles sont les principales responsables de la façon dont elles construisent leur vie.

La chance dans la vie, le succès et les possibilités dont jouissent certains en abondance sont dus à plusieurs facteurs qui ne sont pas aléatoires. Ce genre de personnes:

- ✓ Créent leur environnement propice à l'évolution;
- ✓ Gardent leurs distances avec les personnes susceptibles de les limiter;
- ✓ Ne sont pas facilement influençables et ne se laissent pas détourner de leur chemin;
- ✓ Définissent leurs priorités de manière consciente, rigoureuse et assumée;
- ✓ Concentrent leurs attentions sur les directions qui leur sont prioritaires;
- ✓ Sont dévouées à leurs propres rêves;
- ✓ Se sentent à la hauteur des aspects qu'elles ont

l'intention de manifester;
- ✓ Sont flexibles et ont une plus grande clarté dans les processus décisionnels;
- ✓ Font ce qu'elles peuvent pour se surpasser et donner un bon sens à leur vie;
- ✓ Sont réalistement optimistes et ne donnent pas d'ampleur à leurs propres faiblesses ou à l'ampleur négative des différents inconvénients ou obstacles auxquels elles sont confrontées;
- ✓ Sont persévérantes et améliorent continuellement leurs qualités;
- ✓ N'abandonnent pas, au contraire, elles se concentrent sur la recherche des bonnes solutions aux situations qui les font sortir de leur zone de confort;
- ✓ Ne se victimisent pas, mais choisissent de devenir plus fortes;
- ✓ Sont sur les mêmes longueurs d'onde que les réalisations qu'elles veulent matérialiser, etc...

L'idée même de l'opportunité implique qu'au niveau subtil, vous croyiez illusoirement qu'il pourrait y avoir des malchances ou des échecs, alors qu'en fait, vous attirez en fonction de comment vous êtes et comment vous vibrez.

Certains regardent dans leur sillage et choisissent de donner une ampleur exagérée à la dimension négative des situations qu'ils ont vécues. En conséquence, ils voient leur vie comme parsemée par de nombreuses erreurs et infructueuses ou comme un grand échec, mais ce qu'ils appellent des échecs sont des expériences qui ont le potentiel de les amener à apprendre une multitude de nouvelles choses et à s'améliorer. Considérer ces échecs comme représentant une route sans issue et choisir de ne pas apprendre des opportunités qu'ils ont attirées mais qu'ils appellent malchance, subordonnent leurs limites à l'ensemble du processus évolutif.

Même les aspects désagréables de votre vie, au-dessus desquels vous voulez être, sont des possibilités de croissance qui ont le potentiel de vous apprendre une multitude de choses et de vous pousser à surmonter votre condition.

Les gens qui ressentent une peur intense de se retrouver à se confronter encore une fois avec un partenaire violent, vicieux ou mal-aimé, auront exactement ce dont ils ont peur, car ils concentrent la plupart de leur énergie sur ce qu'ils ne veulent pas leur arriver. En réalité, ils ne vibrent pas assez profondément vers l'attraction du partenaire idéal ou, ne sont pas aussi tendres, calmes et affectueux que peuvent l'être envers eux, ceux qui les entourent. En plus, ils se demandent souvent s'ils peuvent donner au partenaire idéal ce qu'ils reçoivent de lui.

Ceux qui ont diverses craintes, attirent, soit un partenaire qui a des craintes similaires, soit quelqu'un qui peut leur offrir des expériences destinées à les aider à surmonter leurs limites, bien qu'il puisse parfois être qualifié de très dure ou injuste.

L'attraction entre les corps de deux êtres est donnée par la façon dont leurs énergies s'harmonisent, vibrent sur des longueurs d'onde similaires et s'améliorent dans la brillance et les codes créatifs. Autrement dit, l'attrait entre les gens est dû à la façon dont les uns peuvent réaliser les besoins des autres, ainsi que les *leçons* qu'ils peuvent se donner pour mettre en évidence et élever les parties des autres, qui nécessitent des retouches.

Dans la mesure que, les partenaires de couple ne passent plus assez de temps ensemble ou ne sont plus ouverts pour s'accroître à un rythme similaire, ils commenceront à différer dans la pensée et le sentiment, et l'attraction entre eux diminuerait progressivement au point où ils culmineraient avec la rupture.

Plus une personne est complexe, plus elle est attirante, car en étant abondante dans les codes créatifs et ayant beaucoup à offrir, elle parvient à réaliser les besoins d'un grand nombre de personnes. Les vastes expériences que vous pouvez vivre avec une telle personne vous aideraient à être concentré dans des sentiments plus élevées et plus stable spirituellement, physiquement, intellectuellement et financièrement.

Si vous avez des amis de confiance qui vous soutiennent et rendent votre vie belle, c'est parce que des qualités similaires se trouvent en vous aussi. En échange, si les gens dans votre vie vous utilisent et abusent de votre bonté, vous découragent, vous cachent des vérités qui vous concernent, ne vous respectent pas, sont possessifs, etc… alors vous devriez réfléchir à la mesure dans laquelle ces traits comportementaux se trouveraient en vous aussi. Dans la situation où vous pensez que ces traits ne vous définissent pas, alors pensez-y aux aspects suivants:

- ✓ Peut-être que, vous n'utilisez pas les autres, mais vous vous laissez utiliser, parce que vous n'avez pas assez confiance en vous-même, ni trop de courage pour dire et agir comme vous le sentez et comme vous le pensez;
- ✓ Peut-être que, vous ne découragez pas les autres, mais vous abandonnez trop facilement;
- ✓ Vous êtes peut-être un homme honnête, mais vous ne lisez pas clairement ceux avec qui vous interagissez, de sorte que, vous vous laissez berner par les apparences et vous vous retrouvez dans la posture d'être menti et utilisé;
- ✓ Vous n'êtes peut-être pas une personne possessive, mais vous ne savez pas chérir votre liberté

et vous ne vous sentez pas libre, etc...

En fonction de la partie que vous choisissez pour vous manifester et selon la façon dont vous vous rapporteriez aux autres, vous recevriez en conséquence les réponses convenus.

Imaginez le jeu de tennis et considérez la balle comme étant, au sens figuré, l'incarnation de tous les sentiments que vous choisissez d'exprimer envers quelqu'un en particulier. Dans certains cas, si vous lancez une balle rouge, vous obtenez une balle rouge ou, autrement dit, si vous agissez envers une personne haineuse d'une façon haineuse, alors cette personne, ou peut être une autre, pourrait vous retourner votre haine.

Mais il y a aussi la variante dans laquelle la couleur de la balle se pigmente par endroits avec d'autres teintes ou change complètement de couleur. Ainsi, il y a des situations où, en échange de l'amour que vous envoyez à certaines personnes, une partie d'entre elles choisissent de vous répondre par la haine, étant donné que leurs vies sont toujours denses et généralement pas assez ouvertes pour exprimer l'amour à un niveau supérieur.

D'un certain point de vue, on pourrait dire que, aussi intense que soit l'amour que vous donnez à l'existence, l'amour qui vous revient est aussi intense, mais vous ne pouvez pas généraliser d'une manière absolue cette vérité, car les situations suivantes pourraient se produire:

- ✓ Se rapporter avec amour à ceux qui vous entourent, mais aussi avoir la ferme conviction qu'on ne vous répondra pas avec la même mesure, et ceci se passerait comme vous l'attendiez;
- ✓ Matérialiser la peur intense que vos proches ne vous aiment pas autant que vous le souhaitez;
- ✓ Attirer des personnes qui ne sont pas très aimantes, mais qui peuvent réaliser d'autres attentes, désirs ou besoins, et vous donner des leçons pré-

cieuses pour vous aider à grandir sous de nombreux autres points de vue;

✓ Attirer des gens qui se rapportent avec haine à vous jusqu'à ce que vous appreniez à vous aimer plus encore et cesser d'aspirer si fort à gagner l'affection de ceux qui vous entourent;

✓ Aimer votre partenaire de couple, mais être jaloux à l'idée qu'ils pourraient vous tromper, et, en répétant ce comportement, se retrouver en position d'être trompé;

✓ Offrir de l'amour à quelqu'un et attendre qu'on vous réponde immédiatement, sans tenir compte du fait que, d'une part, il peut souffrir et ne se sent pas aussi affectueux, et d'autre part, n'importe quand, vous pouvez recevoir l'amour d'une autre personne;

✓ Vouloir recevoir un amour pur, même si vous, vous tenez à aimer superficiellement et à accepter à vous conditionner en fonction des circonstances;

✓ Croire que vous aimez, alors que vous ne cherchez que des intérêts, dans ce cas, les personnes de qui vous vouliez abuser ne sentiraient pas l'ouverture envers vous;

✓ S'attacher et s'accrocher de façon excessive aux personnes auxquelles vous avez des attentes, en omettant le fait qu'elles ont, elles aussi, le droit de choisir dans quelle mesure, quand et à qui se donner;

✓ Croire que pour être aimé, vous devriez absolument offrir plus que ce que vous attendez de recevoir;

✓ Se sentir indigne d'être aimé, et de ce fait, vous risqueriez de ne pas attirer des personnes ou des circonstances par lesquelles vous profiteriez de l'amour qui peut vous être offert;

✓ Obtenir parfois plus que ce que vous offrez;
✓ Se sentir déchu et accablé, et l'amour de ceux qui vous entourent vous aidera à sortir de cet état, même si, en ces moments, vous ne seriez pas assez ouvert pour offrir l'amour dans la même mesure, seulement après, lorsque vous vous sentiriez plein de vitalité, vous l'offririez en sur-abondance;
✓ Se désespérer après quelques rejets répétés et perdre de vue que vous n'avez peut-être pas cherché, ou ne pas avoir été, au bon endroit, etc.

Lorsque vous lancez une balle vers une surface particulière, elle se comportera spécifiquement en fonction de l'intensité avec laquelle vous la lancez, des caractéristiques de l'environnement qu'elle traverse, de sa forme et de sa densité ainsi que de la surface de contact. Ce qui compte, ce sont les attributs, non seulement de ce que vous émettez à quelqu'un, mais aussi les attributs de l'énergie de celui qui reçoit les ondes ciblées sur lui, par des pensées, des émotions et des actions.

Si vous envoyez des mots chargés de haine et de rejet à une personne sensible et introvertie, ils laisseraient une trace assez profonde en elle, et les *commentaires* que vous obtiendriez d'elle seront souvent moins agressifs ou cinglants. En échange, si vous jetez en état de colère, des mots durs à une personne dure et rigide qui a un système d'autodéfense fort, la rétroaction sera à la hauteur de sa force, étant aussi rapide, que vous n'auriez presque pas le temps de réagir.

Il y a aussi des gens qui cherchent à apaiser toute querelle ou état de conflit possible, de sorte que, quels que soient les mots qu'ils reçoivent, ils restent concentrés, équilibrés et n'amplifient pas ces moments de tension.

L'essence de ces exemples est que, tout ce que vous

créez et émettez, à chaque fois, a une multitude d'effets, et on ne peut pas dire que les actions que vous exercez sur les autres ne vous influenceront en aucune façon.

L'empreinte énergétique de l'information de tout moment d'interaction et de fusion avec les personnes dans votre vie, restera une pour toujours avec les énergies qui vous animent et vous créent.

NOUS NOUS CRÉONS RECIPROQUEMENT

La coexistence de particules de vie à hautes vibrations avec des particules de vie à faibles vibrations fait que, les premières stimulent éventuellement ces dernières en vue d'augmenter leur niveau de luminosité. De même, les particules à faibles vibrations ne tirent pas nécessairement vers le bas celles à hautes vibrations, mais, agissent comme des facteurs catalytiques, dans le sens où, elles les mettent dans différentes postures d'où, elles parviennent à évoluer et à devenir plus stables, à chaque niveau atteint.

Les étiquetages qui expriment la dualité, du genre: bon - mauvais, positif - négatif, lumière - obscurité, ont leur utilité parce que depuis l'enfance, vous aviez besoin de repères pour être en mesure de vous orienter tout au long de votre vie.

Selon l'une des perspectives infinies existantes, si on disait à l'enfant, que l'homme rusé est bon, alors il ne saurait pas faire une distinction entre les gens honnêtes et ceux qui cherchent à profiter et à réaliser leurs intérêts. Par conséquent, il pourrait se retrouver dans la position de permettre à d'autres de l'utiliser et aurait une multitude d'expériences qui ne lui seraient pas nécessaires. Pourquoi passer par des situations difficiles à cause d'un manque de connaissances?

L'homme considéré comme rusé est néanmoins bon, car il donne de précieux enseignements au naïf, mais il a aussi des moments où il devient honnête, ayant d'autres qualités, n'étant pas toujours mauvais. Chacun peut être bon à certains égards et mauvais en d'autres.

Donc, vous ne pouvez pas généraliser le fait qu'un homme soit juste bon, ou simplement mauvais, d'autant plus qu'il est dans la nature de l'énergie, d'osciller.

Les qualités de chacun de nous évoluent constamment, et ce que vous considérez actuellement comme une faiblesse pour vous, deviendrait un jour votre force, et vice versa.

Au lieu de craindre ce que vous appelez être *négatif*, de rejeter *le mal* ou de vouloir ne faire que *du bien*, il est indiqué de formuler votre intention d'attirer et de matérialiser ce qui vous convient.

Pourquoi rejeter ou juger les autres à travers le prisme des significations inappropriées ou incomplètes, qui ont été accordées à certains mots? Comme le vocabulaire s'enrichit de nombreux mots et définitions, vous pouvez redonner et comprendre plus clairement le sens de ce que vous voulez transmettre. Partant du principe que le langage ne vous aide pas à extérioriser complètement ce que vous ressentez, vous vous limiteriez au choix, au flux et à l'arrangement des mots, ainsi qu'à l'invention de nouveaux mots plus suggestifs.

Il n'y a rien de mal ou de mauvais à l'existence de particules dont on pourrait dire quelles apprennent de celles qui expriment une connaissance plus complexe que la leur. Le simple fait de voir les moins brillantes comme inférieures ou négatives n'est pas tout à fait juste, étant donné qu'elles finiraient par briller un jour, peut-être plus intensément que vous ne le pensiez.

Pensez-vous qu'il y ait une raison plausible pour

laquelle certaines personnes manifestent du rejet et de la haine envers ceux qui n'ont pas atteint un certain niveau d'accomplissement, de connaissance et de pureté? Le rejet est à l'origine de l'incompréhension que le processus d'apprentissage ne s'arrête jamais. Tout comme, vous avez encore beaucoup à apprendre, ceux qui vous entourent, ont en aussi.

Rejetant la réalité selon laquelle l'apprentissage est essentiel à votre développement, vous omettriez le fait que, chaque particule de vie qui vous compose comprend une infinité d'informations qui sont au-delà de la forme, du temps et de l'espace et qui attendent à ce que vous vous ouvririez devant elles et en prendre conscience. L'acte d'apprendre est naturel et peut se produire d'innombrables façons et circonstances.

En raison du manque de connaissances, de la fierté et de la construction d'un ego fort, certains de ceux qui veulent apprendre, regardent souvent avec supériorité ceux qui sont leurs professeurs, et parfois même, les offensent ou les narguent parce qu'ils ne peuvent pas comprendre leur profondeur. Ils perdent de vue que, selon le contexte dans lequel nous expérimentons, nous jouons tous, continuellement, à la fois le rôle de l'élève et le rôle de l'enseignant, et nous sommes dans un processus d'apprentissage continu.

La perception que vous soyez juste un *moi*, peut vous faire sentir que vous êtes complètement en dehors de ce qui vous entoure. Lorsque vous comprendriez que nous sommes tous *un*, vous parviendriez facilement à trouver la force pour surmonter les situations que vous auriez eu dans le passé, considérées comme extrêmement difficiles. En d'autres termes, si avant cette prise de conscience, vous n'étiez à la recherche de votre force que dans l'énergie qui compose votre corps, vous comprendriez par la suite qu'il y a d'autres sources d'énergie infinies qui s'offrent, par le simple fait qu'elles existent. Devant ces sources, les impuissances et les faiblesses momentanées s'estompent et finissent par devenir insignifiantes.

Pour accéder à cette réalité de l'unité, il est nécessaire de s'ouvrir à la potentialité de votre énergie.

Chacun de nous façonne la réalité multidimensionnelle environnante, en aidant à maintenir l'équilibre entre les énergies existantes. Ceci apporte une explication supplémentaire sur la façon dont les partenaires de couple ou les membres d'une même famille s'harmonisent entre eux, du fait qu'ils passent beaucoup de temps ensemble.

Étant donné que la *macro* est projetée en *micro*, chaque forme de vie existante vous englobe, comme vous, vous la couvrez également d'un point de vue énergétique de l'information. Votre vie même, est influencée par le pouvoir créatif des gens qui vous entourent, ainsi qu'eux aussi, ils sont l'expression de tout ce qui les entoure, y compris le pouvoir créatif que vous manifestez. Ainsi, nous nous influençons et créons nos vies, les uns les autres.

Vous ne pouvez pas dire que vous vivez isolé et que ce qui arrive à d'autres êtres n'a rien à voir avec vous. De même, les ondes d'énergie que vous émettez sans cesse se propagent à l'infini et génèrent des réponses de l'Univers.

Selon les attachements que vous ressentez par rapport à chaque relation que vous avez, vous éprouveriez un certain degré d'engagement sentimental qui vous conduirait à vivre différentes formes d'épanouissement et de satisfaction. À un certain moment, vous arriveriez à considérer certaines personnes comme plus importantes que d'autres, et cette croyance vous pousserait à vous

vous comporter différemment selon chaque personne à qui vous vous rapporteriez.

Au sein d'une famille, par exemple, la mère a tendance à s'identifier à l'enfant qu'elle considère comme sa création et fait de son mieux pour que l'enfant soit toujours bien, et que parfois, elle ne se comporte pas avec le même dévouement envers son mari ou ses parents. Une épouse qui est aussi mère, peut aussi bien former son mari, d'une manière belle et équilibrée tout comme elle contribue à la formation de son propre enfant. Un mari qui souffre et qui a une multitude de complexes et de frustrations serait, non seulement sa création, mais aussi, la création de sa famille, de son entourage, et de sa profession.

D'une manière générale, pourquoi ne pourriez--vous pas vous sentir *un* avec l'ensemble de la Création? Pourquoi limiter le sentiment d'unité à ceux avec qui vous pensez avoir une relation très étroite?

Votre pouvoir créatif n'est pas seulement sur votre propre corps, vos propres expériences ou sur la conception d'un enfant, mais sur infiniment plus que cela.

LA RÉCEPTIVITÉ FACE À L'AIDE

Certaines des personnes qui s'enthousiasment face aux vérités qu'elles commencent à saisir, auront tendance à devenir plus insistantes à l'égard des gens auxquels elles se sentent attachées et qu'elles aimeraient aider à se transformer en une meilleure version d'eux-mêmes. Jusqu'à ce qu'ils deviendraient plus concentrés dans la connaissance qu'ils manifestent, dans leurs moments de déchéances, celles-ci ne tiennent pas compte du fait qu'elles ne peuvent pas transformer quelqu'un de force, simplement parce qu'elles auraient certaines envies et attentes qui, si elles ne se réalisaient pas, les mettraient dans un état de souffrance, de déception et de frustration.

Chacun est unique et résonne en différents degrés avec les informations que vous voulez lui transmettre, en fonction des codes créatifs qu'il exprime, de son état intérieur et de la réceptivité qu'il a en ces moments.

Il est bénéfique de savoir et de sentir le moment, quand partager votre connaissance, et de quelle manière présenter ce que vous voulez transmettre, étant donné que chacun est assujetti à son propre rythme, étant plus ou moins ouvert à la connaissance. Par exemple, tout homme se sent prêt et ouvert à discuter de sujets qui résonnent avec autant de parties de lui que possible, qui l'intéressent directement ou suscitent sa curiosité. Si vous essayez d'aborder ces sujets avant le moment où il serait prêt à les accepter, son attitude réfractaire pourrait ne pas correspondre aux attentes que vous aviez, et vos mots ne le pénétreraient que dans une faible mesure.

Atteindre des niveaux supérieurs de conscience, apporte avec, l'expression de plus en plus de liberté et l'appréciation de la liberté d'être à ceux qui l'entourent. À chaque fois que vous essayez d'imposer à l'autre ce que vous ressentez, ce que vous pensez, et ce que vous faites, comment croyez-vous le convaincre, si vous êtes tous les deux dans un état de tension, d'endurance et d'inflexibilité? En l'absence de réceptivité des deux côtés, le résultat attendu tardera à se concrétiser.

Dès que vous voulez forcer quelqu'un à accepter ce que vous lui dites, son champ énergétique se contracterait à la suite de la tension intérieure que vous ressentiriez et que vous lui transmettriez. Aucune personne n'aimerait voir son espace personnel envahit ou offensé à cause des croyances qu'elle a, d'où, la réticence qui apparaît à l'appropriation de l'information sous l'effet de la pressions.

Au lieu d'essayer de forcer les autres à se conformer à des vérités auxquelles vous croyez tant, parlez-leur détaché, ouvertement et honnêtement, sans avoir beaucoup d'attentes. En les respectant et en valorisant leur liberté, vous parviendrez à leur faire prêter plus d'attention aux perspectives que vous voudriez leur présenter et qui pourraient leur ouvrir d'autres horizons.

Lorsque vous êtes insatisfait du comportement et des commentaires d'une personne que vous vouliez aider, par votre attitude de rejet et de non-acceptation, en réalité vous lui transmettez des ondes d'énergie denses qui accentueraient ses souffrances. Par exemple, supposons que vous soyez avec un collègue qui est en colère, récalcitrant et parle d'un ton élevé. Si vous n'êtes pas suffisamment concentré et que vous ne résonnez pas par endroits, avec la manière dont il aborde la situation à laquelle il est confronté, étant donné que vous-même vous procédiez parfois de la même façon, son comportement finira par vous troubler de plus en plus. Peut-être, en apparence, vous essayerez de lui dire un bon mot pour l'aider à se calmer, mais en réalité, vous commenceriez à exprimer de la nervosité et de l'agitation. En vous mettant en colère, en réponse à son état, vous ne l'aideriez pas du tout, mais vous le déstabiliseriez encore plus, étant donné que vous ne savez pas ce qu'il a vécu et ce qui l'a poussé à se comporter de cette façon. Cela fait que, l'énergie de derrière le message, transmettrait précisément ses sentiments qui sont, sur les mêmes longueurs d'ondes que celles que vous créez et que vous émettez. En conséquence, son état conflictuel intérieur augmenterait, son comportement deviendrait encore plus agressif. En abordant cette situation d'un point de vue conscient, vous vous maintiendrez dès le départ dans un état d'équilibre, de compassion et d'acceptation, car vous comprendriez que c'est la meilleure façon pour l'aider. Ainsi, l'éclat que vous exprimeriez et les ondes d'énergie à hautes vibrations que vous dégageriez feront que votre simple présence lui apporterait un état de paix et de contentement intérieur. Peut-être que, vous aussi vous étiez à un certain moment comme ce collègue, et peut-être qu'il finirait lui aussi, à un moment donné, par percevoir plus clairement la Création, de sorte que, vous n'avez pas à le juger sévèrement.

Chacun a sa propre réalité en fonction de laquelle il crée une multitude d'expériences uniques. Il n'est même pas nécessaire de convaincre ou de forcer celui qui est à côté de vous, à épouser votre réalité, car, sur la base de la compatibilité, il prend ce dont il a besoin de ce qu'on lui a transmis. C'est comme ouvrir une fenêtre à quelqu'un et lui montrer le paysage, le laissant profiter de ce qu'il aime, sans le forcer à regarder en particulier ce que vous voulez.

CALIBRAGE DE L'ÉNERGIE DE L'ALIMENTATION

Tout aliment que vous insérez dans votre corps est de l'énergie et comprend d'innombrables codes créatifs qui lui confèrent la totalité de ses caractéristiques. Votre énergie fusionne avec l'énergie de ce que vous mangez, et la totalité des particules de vie résultant de cette fusion, expérimente à l'unisson, comme *un*.

Chaque particule de vie qui crée et compose *la nourriture* commence à se calibrer conformément aux dimensions que vos possédiez avant même de les insérer dans le corps. Lorsque vous partagez une pomme à trois personnes, chaque morceau se calibrerait de façon unique à la conscience et aux exigences du corps de chacun d'eux.

Si les dimensions, sur lesquelles fréquences vous vibrez, sont supérieures à celles de l'ensemble des constituants de l'aliment de référence, alors son énergie sera étalonnée pour combler les besoins que vous avez, exprimant des propriétés et des fonctions à un potentiel élevé. En revanche, si les dimensions sur lesquelles fréquences vous vibrez sont inférieures, voire incompatibles avec la vibration globale de certains nutriments, alors soit une fusion énergétique partielle se produira, auquel cas des déficits apparaitraient, soit leur assimilation ne se produira pas, auquel cas, apparaitraient différentes avitaminoses.

Lorsque vous buvez de l'eau pure composée de particules de vie dont les fréquences sont très élevées, chaque cellule accèdera au potentiel des molécules d'eau selon sa propre conscience et vice versa. Par exemple, les cellules qui expriment une plus grande densité et ont une conscience inférieure, se développeraient légèrement en vibrations, ainsi les molécules d'eau diminueraient en lueur. Dans l'antithèse, les cellules qui ont une conscience élevée seront créées plus harmonieusement avec cette fusion, ainsi, elles feront augmenter considérablement les fonctions et les propriétés des molécules d'eau. Autrement dit, les étalonnages auront lieu dans les deux situations.

Le même principe s'applique à tout autre exemple, même lorsque vous consommez un aliment non bénéfique ou que vous inspirez un air pollué. Cependant, il est préférable de vous assurer un environnement aussi pur que possible afin que les cellules qui ont une faible luminosité puissent également évoluer dans des conditions favorables.

L'acte de récolter un fruit peut sembler banal, mais chaque personne qui récolte un fruit est attirée par l'énergie à laquelle elle manifeste la plus grande compatibilité, comme c'est le cas dans le choix du bon partenaire, des relations et des expériences.

Une grande partie de personnes, quand elles se rapportent à un arbre fruitier considèrent que ses fruits ne diffèrent pas beaucoup les uns des autres et même les encadrent dans la même catégorie de fruits simples, sans sentir profondément, que ces fruits s'alchimisent dans chaque cellule qui les compose.

Bien qu'il fasse partie du même arbre et est créé sur la même branche aux côtés de nombreux autres fruits, chaque pomme est unique. Le simple fait qu'une pomme identique à celle que vous voulez manger, n'a jamais été créée, rend cette pomme spéciale.

Étant donné que chaque cellule qui vous compose est dotée de la capacité de savoir précisément quelles fonctions remplir et comment créer encore la vie d'une manière parfaite et unique, alors pourquoi vous complaire dans la situation à dire que vous ne savez pas ou ne pouvez pas? Pour mieux comprendre cet aspect, considérez que depuis que cette planète existe, deux cellules parfaitement identiques n'ont jamais existées, et pourtant vous avez probablement l'habitude de vous limiter au pouvoir créatif et à l'imagination que vous avez.

COMPRENDRE LES RÊVES

Pendant la période de l'enfance, le fait que personne ne vous a appris à prêter attention aux expériences qui se produisaient pendant votre sommeil, vous n'accordiez pas du tout attention à cet effet qui, pourtant se passe quotidiennement et vous le traitez avec une certaine insouciance et avec superficialité, sans tenir compte du fait qu'une grande partie de votre vie, vous la passez au sommeil.

Vous arriveriez même par considérer le sommeil comme une routine quotidienne qu'on doit subir et comme une perte de temps, alors que, vous auriez aimé faire d'autres activités pendant cette période que vous dédiez au repos. Il est donc entendu que, si vous avez une telle attitude, alors l'énergie de votre corps correspondrait également à cette configuration géométrique se trouvant sur les mêmes longueurs d'onde que vos sentiments et vos croyances.

À mesure que votre conscience diminue, quand vous vous réveillerez, vous auriez l'impression que pendant la période de sommeil, vous étiez tombé dans un vide dont vous ne vous souveniez que de trop peu de détails, et ceux-ci déformés, incomplets ou limités.

Tout comme, pendant la période d'éveille, vous avez l'impression que vous détenez un contrôle sain et efficace sur votre corps, il est aussi normal que pendant le sommeil, vous auriez suffisamment de concentration et de clarté au sujet de ce que vous expérimentez.

Imaginez que lorsque vous dormez, vous parviendriez à accéder et à exprimer multi dimensionnellement avec encore plus de précision, les informations qui vous sont utiles et à expérimenter sous autant d'angles et de perspectives que possible, les événements de votre vie, à laquelle vous vous sentez encore très attaché.

Les rêves sont des décodages plastiques des informations auxquelles vous accédez à partir d'un *continuum* d'informations, des plans et dimensions énergétiques existants, qui peuvent être considérés comme un *marqueur* de l'éclat et de la conscience que vous exprimez.

Parfois, les rêves peuvent contenir des messages auxquels il est bénéfique de prêter attention pour les comprendre et les sentir en profondeur. D'autres fois, pour vous attirer l'attention sur les questions sur lesquelles vous devriez réfléchir, ces messages vous font surgir des souvenirs douloureux, des désirs réprimés, des conflits émotionnels que vous alimentez encore en énergie, des blessures intérieures encore non guéries, des peurs, des identifications et attachements auxquels vous choisissez de ne pas lâcher prise, des faiblesses, des aspects avec lesquelles vous choisissez de vous mentir, etc.

Les expériences que vous avez à travers vos rêves peuvent être influencées par:

- ✓ Les activités que vous entreprenez avant de vous coucher;
- ✓ Les images et les films que vous avez regardés tout au long de la soirée;
- ✓ Les rêves de la personne avec qui vous dormez;
- ✓ Les activités qu'il exerce ou les informations que récite celui qui se trouve près de vous pendant que vous dormiez;
- ✓ Vos besoins physiologiques qui apparaissent pendant la nuit;
- ✓ Les informations que vous avez décodées tout au long de la journée, soit à partir du champ énergétique de vos proches, soit du champ énergétique de la planète entière (vous pouvez ainsi prendre conscience des désirs et des intentions de ceux qui vous entourent, des maladies ou des accidents qui peuvent arriver à d'autres);
- ✓ Le niveau d'absurdité manifesté ces derniers temps, etc...

En même temps, les rêves peuvent vous donner des réponses à certaines des questions que vous vous posez, des informations sur ce que certaines personnes pensent et ressentent de vous, des validations de certaines expériences que vous avez vécues pendant la journée et auxquelles vous n'avez pas accordé beaucoup d'attention, ainsi que des avertissements et des solutions sur ce qui est très susceptible de vous arriver à l'avenir. Lorsque vous vous réveillez, vous ne vous souviendriez que de ces informations sur lesquelles longueurs d'onde vous vous trouvez encore.

Bien que certains rêves semblent être oubliés ou considérés comme insignifiants, leurs messages resteraient à jamais imprimés dans votre énergie. Dans certaines circonstances, ces informations vous aideraient à faire spontanément les choix les plus appropriés et à l'intuition de la façon dont certains événements se dérouleraient.

Comme je l'ai mentionné, vous êtes un ensemble de formes énergétiques de différentes densités qui se manifestent de diverses manières, en même temps que la multitude d'oscillations que vous sentez. Lorsque vous tombez dans des états bas, vous exprimeriez particulièrement une certaine part de particules de vie moins brillantes qui vous composent. Si vous vous endormez en colère et stressé et que vous vous réveillerez dans un état similaire, il est bien entendu que, dans des moments pareils, vous ne vous souviendrez pas de beaucoup de messages auxquels vous avez accédé pendant votre sommeil. Hypothétiquement parlant, dans le contexte où, vous ne seriez pas très conscient de vous-même, mais que vous vous souviendriez néanmoins en détail des informations relatives aux événements avec lesquels vous vous synchroniseriez bientôt, il est tout à fait possible que, n'ayant plus la même clairvoyance que lorsque vous les aviez décodés, vous vous mettriez tout seul des obstacles. Ainsi, vous allez essayer de trouver des explications logiques sur la signification des rêves que vous aviez et de compléter les parties manquantes, croyant, illusoirement, que vous faciliteriez ces matérialisations si vous procéderiez de cette manière.

Il est bénéfique et approprié d'approfondir les informations au niveau desquelles vous vous trouvez et face auxquelles vous vous sentez préparé. Sinon, elles vous submergeront et vous finissez par émettre des scénarios ou des hypothèses par lesquels vous vous auto-sabotez. Donc, si vous choisissez d'avoir souvent des expériences denses, alors il est préférable de ne pas savoir ce qui va se passer. Sinon, vous aurez tendance à intervenir et à modifier votre avenir de manière à attirer des situations très différentes de celles que vous auriez créées si vous aviez laissé les choses découler à leur façon.

Les oscillations d'ondes cérébrales se situent dans une gamme particulière de fréquences qui peuvent augmenter ou diminuer en fonction de la pureté du corps, de la clarté des pensées et des émotions, des activités quotidiennes. L'une des causes qui vous empêcherait à ne pas vous souvenir de vos rêves est que, pendant le sommeil, les ondes cérébrales atteignent certaines fréquences, et lorsque vous vous réveillez, seules quelques parties du cerveau resteraient compatibles avec les informations accédées.

Lorsque vous dormez, étant donné que le corps se détend, vous intensifiez la dynamique des processus de régénération, de guérison et de purification, par conséquent, vous grandissez dans la vitalité et il est facile pour vous d'exprimer clairement et rapidement la connaissance qui est *une* avec vous.

Pour que le corps soit à la hauteur de l'accès à des informations précieuses (qui engloberaient de nombreuses vérités), il est nécessaire de choisir une alimentation pure, afin que les éléments de votre corps s'affinent, ainsi que de concentrer votre attention sur votre évolution. Pour mieux comprendre cet aspect, pensez au fait que, vous êtes composé d'une multitude d'éléments qui ont des densités et des puretés variables. À mesure que vous purifiez votre corps, se purifie aussi votre pensée et votre sentiment et, par conséquent, que vous dormiez ou que vous soyez éveillé, vous parviendriez à avoir une clarté sur ce qui vous arrive.

Suite à votre ignorance, si, pendant la période où vous êtes éveillé, vous produisez des dommages importants à votre corps (par des vices, par la mauvaise alimentation et par les expériences que vous choisissez de vivre), lorsque vous dormez, vous permettez une réparation superficielle et insuffisante à tout ce que vous représentez. Pour rester en bonne santé pendant longtemps, il est important que le rapport entre la destruction et la réparation soit en faveur de la réparation et des processus de création.

Entre autres, il est important de ne pas créer une limitation, car, ce n'est que la nuit que vous pouvez bien vous reposer, guérir et régénérer. Dans les pays nordiques, les gens vivent dans une réalité où, près de la moitié de l'année, le soleil ne brille que quelques heures par jour, et pourtant le corps de beaucoup d'entre eux est fort, vigoureux et en bonne santé.

Tout ce qui se passe tout au long du sommeil est un reflet de la façon dont vous vous manifestez dans les moments où votre corps est éveillé, ainsi, vous apprenez à mieux vous connaître. Vous ne pouvez pas être agité et troublé tout au long de la journée ou juste avant de vous coucher, et la nuit pour exprimeriez un équilibre parfait. La façon dont vous oscillez pendant que vous êtes éveillé influence la façon dont vous oscillez pendant le sommeil et vice versa. Beaucoup souhaitent avoir de beaux rêves, cependant, étant donné que l'énergie est subordonnée aux oscillations et que la linéarité absolue n'existe pas, vous ne pouvez pas avoir des sentiments et des expériences que d'un certain type.

Les sentiments que vous générez avant de vous endormir, sont un facteur essentiel qui influence votre qualité de sommeil, et non seulement. Il se peut que souvent, il vous arrive de vous réveiller fatigué, même après plusieurs heures de sommeil, et d'être surpris par ce fait, d'autant plus que vous ne trouvez aucune explication pour cela. Si pendant la journée vous êtes stressé et inquiet, avant de dormir, vous aurez beaucoup de mauvaises pensées qui vous empêcheraient de dormir. Par conséquent, le passage à l'état de sommeil se ferait difficilement à cause de cet état de tension, les niveaux de relaxation que vous atteindriez ne seront pas si profonds pour que vous produiriez et captureriez suffisamment d'énergie. Autrement dit, lorsque vous dormez, vous pouvez vous sentir un peu plus détendu que pendant la journée, mais vous resteriez toujours tendu, contrairement à ceux qui, en générale sont beaucoup plus détendus.

Lorsque vous dormez dans une position inconfortable, vous vous subordonnez par endroits à un état de tension, et le sommeil sera moins réparateur, contrairement à la position de sommeil sur le dos, qui vous permet d'être plus détendu et se sentir plus léger.

Ce sont les intentions avec lesquelles vous vous endormez et les intentions avec lesquelles vous vous réveillez qui détermineraient votre sommeil et ce qui se passerait tout au long de la journée.

Pendant que vous dormez, les croyances limitatives que vous soutenez puissamment pendant la période où vous êtes éveillé s'affaiblissent, et l'énergie des éléments qui vous composent traiterait facilement l'information que vous voulez matérialiser.

Il est bénéfique qu'avant de vous endormir, que vous vous proposez de:

✓ Être détendu;

✓ Avoir des pensées et des émotions claires;
✓ Se rapporter à la Création avec compréhension et compassion;
✓ Vous détacher de tout ce qui ne convient pas à votre croissance;
✓ Faire des choix sains;
✓ Matérialiser tout ce qui vous est bénéfique et approprié, etc...

Ceux qui se conservent habituellement dans l'amour, avec un esprit clair, calme, serein et fluide, seront pleins de vitalité et exprimeront la tempérance, le détachement et la compréhension. Ils parviendront ainsi à gérer les situations auxquelles ils seront confrontés.

En se maintenant dans une direction à prédominance ascendante, ils se remplissent de nombreuses formes d'énergies intensément brillantes et ne ressentent plus autant, le besoin de dormir, leur sommeil se résumerait à quelques heures, dont la qualité serait particulièrement satisfaisante.

De telles personnes, qu'elles dorment ou qu'elles soient éveillées, se sentent beaucoup plus reposées et plus détendues, ont un plus grand contrôle sur leur état, se souviennent en détail de tout ce qui leur arrive, etc…

On vous a appris à accéder à tour de rôle à l'information, à prendre chaque instant séparément et à encadrer ce qui vous arrive dans des schémas permettant de placer vos expériences sur l'axe du temps terrestre. Cependant, pendant le sommeil, vous accédez simultanément à une multitude d'informations d'au-delà de la forme, du temps et de l'espace, et votre corps les adapte au niveau de compréhension qu'il a lorsqu'il est éveillé et les transpose plus ou moins plastique et déformé, sous forme de rêves.

Prenons un exemple limité selon lequel, la nuit dernière, vous auriez eu dix rêves simultanés, quoique selon la perspective de l'unité, vous ne pouviez pas leur attribuer un nombre, étant donné que l'existence est en constante évolution. Les expériences que vous avez tout au long de votre vie ne peuvent pas non plus être comptées, car elles s'écoulent parfaitement les unes des autres. En raison des perceptions et du fait que vous vous êtes habitué à tout traduire d'une façon *logique*, linéaire et progressive, vous penseriez que vous aviez oublié la plus grande partie des rêves et, ce dont vous vous souviendriez serait incomplet, fragmenté et pris séparément.

Que diriez-vous d'abandonner la perception selon laquelle il est tout à fait naturel d'oublier et ne pas pouvoir faire attention à autant de détails que possible? Comme par exemple, arrêter de dire si souvent que, *vous avez oublié…*

Directement proportionnelle à votre flexibilité, et à votre ouverture à la connaissance avec laquelle vous êtes toujours *une*, vous exprimez consciemment bon nombre d'informations, auxquelles vous accédez au niveau subtil pendant que vous dormiez ou que vous soyez éveillé.

A mesure que vous grandissez dans l'éclat et dans la conscientisation, les rêves deviendraient plus agréables et lucides. Au lieu de décoder l'information sous la forme de plusieurs sortes de contextes abstraits, de cadres flous, de personnes et d'êtres plus ou moins connus, vous les accéderiez avec clarté, au-delà de toute distorsion.

*Les éléments cosmiques de partout
contribuent à la création de notre
planète et des êtres qui l'habitent,
tout comme nous contribuons à la
création du Cosmos.*

Chapitre 6

LES OSCILLATIONS DE L'ÉNERGIE

Les oscillations rendent la vie possible et se produisent d'une manière aussi merveilleuse et parfaitement orchestrée.

Chaque morceau de musique est merveilleux précisément, grâce à l'alternance de plusieurs notes musicales. En l'absence de cette alternance, les chansons n'existeraient même pas. Imaginez-vous écouter sans cesse la même note musicale ou le même son...

Il est dans la nature des ondes d'énergie d'osciller, de fusionner et de Co-créer avec d'autres ondes d'énergie qu'elles attirent en fonction de la compatibilité. Par conséquent, étant l'énergie, la façon dont nous nous manifestons n'est pas parfaitement linéaire.

Aucune ligne n'est parfaitement droite, car si vous la regarderiez au microscope, vous remarqueriez qu'elle présente une multitude de sinuosités et que d'habitude, vous croyiez êtres imperceptibles.

Étant donné que la linéarité absolue n'existe même pas, vouloir l'exprimer, devient impossible. Pourriez--vous ne pas cligner des yeux une seule fois et être bloqué dans une expiration sans fin ou une contraction permanente?

Chaque inspiration est suivie d'une expiration; chaque contraction musculaire est suivie d'une relaxation; les sécrétions et les hormones sont libérées en quantités différentes selon certains paramètres; les paupières ont une rythmique spécifique lorsqu'elles clignotent; les moments de parole alternent avec ceux du silence, etc…

Il est important d'apprendre l'habileté avec laquelle osciller, si vous voulez être une personne plus harmonieuse. Stagnant sur une certaine note pendant trop longtemps et vivant plusieurs fois les mêmes types d'expériences, votre vie deviendrait comme un son qui, par son prolongement contre nature, finira par devenir monotone, peu attrayant, inquiétant, fatigant et même destructeur.

Persévérant dans la monotonie, vous décadriez et deviendriez sans imagination, sans créativité, sans flexibilité, sans adaptabilité…

Tant que vous existez sous cette forme humaine, il est essentiel de s'offrir de manière équilibrée des expériences dont la principale caractéristique est la diversité. *La vie*, entre autres, signifie aussi variété, nouveauté, unicité. Dans la mesure où vous refuseriez ces vertus, la *vie s'éteindrait* en vous.

L'ALTERNANCE DES SENTIMENTS

Une fois que vous compreniez que les oscillations sont parfaitement naturelles, vous génèreriez de moins en moins de tensions ou de mécontentements liées au fait de ne pas aller dans une seule direction ascendante et d'accepter que, tout au long de votre vie, il y a des événements qui peuvent vous élever ou vous rabaisser.

Malgré cela, certaines personnes souhaiteraient ne connaître que des accomplissements et omettraient l'aspect, selon lequel, elles deviendraient de plus en plus fortes à mesure qu'elles surmonteraient les situations par lesquelles leurs sont testées leurs faiblesses.

L'entêtement de rester dans une seule posture et le rejet de toute autre possibilité *d'être*, reflète une approche rigide et en même temps superficielle. Par exemple, il y a des gens qui s'imaginent qu'ils peuvent continuer à rester accrochés pour tout le reste de leur vie à une même personne. Par conséquence, la tension qu'ils transposent dans cette relation commencerait à prendre de l'ampleur dès le moment de l'attachement à l'instar de l'effet boule de neige. Bien sûr, à un moment donné, la tension finira par devenir insupportable, et, celui qui a été attaché se libèrerait de la personne qui a essayé de construire une relation de force. Ainsi, il découvrirait le pouvoir de se détacher de ce qui ne lui convenait pas et apprendrait à cesser de permettre aux autres de restreindre ses droits et ses libertés.

À la suite de la déception issue de la rupture, la douleur ressentie par celui qui s'accroche aux autres s'accompagnerait d'un sentiment intense d'isolement, d'impuissance et de méfiance. Ce déclin a le potentiel de l'amener à réfléchir à la situation dans laquelle il se trouverait, à apprendre à respecter la liberté des autres et à se rendre si agréable, de sorte que, son entourage souhaiterait être en sa présence.

Vous exprimez l'équilibre, lorsqu'il y a un passage en douceur entre vos oscillations énergétiques. Ainsi, les rechutes seront si faibles qu'elles seront souvent presque insaisissables. En contrepartie, vous aurez un comportement instable et imprévisible lorsqu'il existe des différences considérables entre les ondes énergétiques que vous dégagez et leurs passages brusques des unes vers les autres. Dans de tels moments, il peut vous arriver d'être des fois calme, d'autres fois nerveux; des fois doux, dans d'autres sévère; des fois travailleur, des fois paresseux; des fois énergique et dans d'autres apathique, etc.

Alors que certaines personnes créent une vie calme et harmonieuse et restent dans une relative constance, d'autres attirent souvent des expériences tumultueuses dans lesquelles il existe d'énormes écarts. Tout cela fait que leur *ligne de vie* engloberait une multitude de hauts et de bas. Il va sans dire que, ceux qui oscillent de façon chaotique entre enthousiasme et désespoir perdent la magie du présent...

Il y a des gens qui, bien qu'ils aient grandi dans des familles pauvres et qu'ils aient eu beaucoup de privations au début de leur vie, parviennent à prospérer par eux-mêmes. En d'autres termes, l'environnement même dans lequel ils se sont développé les a motivés à cultiver les qualités nécessaires à la concrétisation de la richesse spirituelle et matérielle dont ils estimaient qu'ils étaient dignes. D'autres sont insouciants pendant l'enfance, en raison des efforts de leurs parents, et par la suite, lorsqu'ils seront mis devant la situation de se débrouiller seuls, ils découvriraient qu'ils ne savent pas comment gérer leurs vies et leurs expériences. Ainsi, la complaisance dans leur zone de confort, ralentirait leur évolution d'autant plus qu'ils ne se sont pas suffisamment entraînés pour faire face aux épreuves de la vie, ce qui, tôt ou tard, induirait l'illusion de la souffrance et d'impossibilité à surmonter tout ce qu'ils considèreraient comme des problèmes.

Tous ceux qui font des excès à certains égards sont confrontés à des déficits et des privations à d'autres égards. C'est pourquoi il est bénéfique de cultiver l'état d'équilibre, de sorte que, vous ne vous retrouveriez pas souvent dans des situations extrêmes.

Si vous suivez attentivement votre comportement, vous remarqueriez qu'au fil des jours, vous traversez une alternance de plusieurs états, parfois vous êtes enfantin, parfois mature et profond; parfois vous êtes optimiste, parfois pessimiste; parfois vous êtes heureux, parfois triste et rehercheriez des raisons pour sourire; parfois vous êtes courageux, parfois peureux; parfois vous êtes rêveur, parfois pragmatique; parfois vous voyez la beauté partout, parfois vous pensez que rien ne vous satisfait. Le même schéma peut être observé dans la nature: les bourgeons de rose fleurissent, puis se fanent et tombent; parfois les récoltes sont riches, parfois modeste; parfois, les rivières tourbillonnent et d'autres fois elles coulent en douceur.

Il en va de même dans la société dans laquelle nous vivons, de sorte qu'économiquement, la prospérité alterne avec le déclin, et socialement, la paix alterne avec le chaos.

Un comportement qui réjouit le regard de ceux d'aux alentours est l'expression de la manifestation majoritaire de particules de vie exprimant une forte vibration. En revanche, chaque fois que vous avez des excès de colère, de tristesse, de souffrance ou de jalousie et que vous blesseriez ceux qui vous entourent suite à l'extériorisation de vos propres blessures, se manifesterait en particulier, le poids des particules de vie de faibles vibrations.

Lorsqu'il est question d'un sujet qui vous trouble encore et qui vous rend triste, comme le manque d'affection envers vous d'un de vos parents, ceux qui soutiendraient vos vies denses sont les particules de vie qui aspirent encore intensément à l'épanouissement et à l'amour qu'ils peuvent ressentir avec ce parent.

Les oscillations comportementales s'observent à la fois dans les relations que vous avez avec ceux qui vous entourent et dans la relation que vous avez avec vous--même. Par exemple, vous résonnez parfois avec l'attitude de vos amis, et parfois vous sentez que vous n'avez pas grand-chose en commun avec eux. Certains jours, vous vous percevez comme un homme beau, tandis qu'en d'autres vous n'aimez pas votre allure.

Lorsque vous vous sentez incompris, insatisfait, stressé ou nerveux, vous ne réussirez pas à exprimer beaucoup d'affection et de compréhension. Par conséquent, bien qu'il n'y ait pas de véritable motif de discorde, vous commenceriez à élever la voix, à manquer de respect, à offenser ou même à devenir violent, et après que vous soyez calmé, vous regretteriez la façon dont vous vous êtes comporté. Ainsi, l'attitude que vous avez lorsque vous blessez ceux avec qui vous êtes en relation, peut-être l'expression des blessures intérieures et des difficultés que vous portez en vous sans aucun intérêt. Dans un état élevé de bonheur et de contentement intérieur, vous ne pourriez pas être en colère ou blesser celui à côté de vous, mais plutôt vous seriez aimant, vous apporteriez du réconfort et vous contribueriez à l'élévation de ses sentiments.

Il est important de faire attention aux paroles que vous prononcez et au comportement que vous avez, étant donné que tout votre être crée les bons contextes pour mettre en évidence les aspects existentiels que vous traitez avec insouciance.

Vous pouvez choisir de vous perdre dans la souffrance et de vous fâcher pour la façon dont vous avez traité votre proche, ou vous pouvez choisir de chercher des réponses dans les profondeurs de votre être, afin de mieux comprendre la source de vos sentiments négatives qui vous permettrait de surmonter votre condition.

Même si, ceux que vous aimez sont dans un certain état en ce moment, les oscillations des particules de vie qui les composent auront, soit une trajectoire principalement ascendante, soit vibreront sur des fréquences de plus en plus basses. Dans l'un ou l'autre des deux cas, si les particules qui vous composent ne suivent pas le rythme auquel les particules de vos proches évoluent ou ne se dirigent pas relativement dans les mêmes directions, à un moment donné, vous constateriez que la compatibilité entre vous aurait considérablement diminué et que vous ne vous entendriez plus. Au contraire, si vous avez l'habitude de vous soutenir les uns les autres, d'avoir des rêves communs, de partager vos sentiments et de fusionner à partir d'autant de points de vue que possible, alors votre relation se renforcerait, et la compatibilité entre vous augmenterait.

Les gens changent, et celui que vous connaissiez il y a une seconde ne sera plus le même dans la minute suivante, et encore moins dans un mois ou dans cinq ans. Cependant, la plupart s'attendent à ce que le partenaire du couple resterait inchangé pour la vie, mais ce n'est pas possible car c'est dans l'essence de l'énergie d'osciller et de couler dans la direction avec laquelle elle résonne. Même le même arbre ne créera pas chaque année la même quantité de fruits et de feuilles, comme aussi il ne commencera pas à fleurir le même jour.

Tout se trouve en pleine transformation...

LA DIVERSITÉ DANS LA NATURE

Les oscillations se réalisent continuellement, de sorte que, tout s'entremêle parfaitement. Par exemple, il n'y a pas de point de démarcation entre le jour et la nuit ou entre les saisons (en dehors de celles qui sont posées sur papier ou sur un appareil électronique), celles-ci s'écoulant les unes des autres.

La nature ne s'oppose pas aux changements, mais coule avec ce qui vient. Les vagues de l'océan ne se coincent pas dans un flux continu, mais chaque flux est suivi d'un reflux. Les fleurs ne restent pas éternellement fleuries, tout comme le vent ne souffle pas éternellement dans la même direction, pourtant, et les fleurs, et le vent, restent vivants à travers nous, pour toujours.

Le ciel n'a pas chaque moment la même couleur, la même luminosité et la même disposition des nuages, pas plus que les conditions météorologiques ne stagnent pas dans une seule hypostase. Les jours ensoleillés alternent avec les jours pluvieux, neigeux ou nuageux. C'est précisément cette alternance de temps qui a sa beauté. Aimeriez-vous que chaque jour de votre vie ne soit fait que de neige, de tempête ou de canicule?

La diversité est agréable, rafraîchissante et vous pousse à vivre une gamme variée d'expériences sensorielles qui maintiendraient votre curiosité, votre joie et votre plaisir à découvrir la Création sous autant d'aspects que possible.

La qualité de vie et la longévité sont déterminées par les oscillations des énergies qui composent l'environnement, d'autant plus que votre corps se crée en permanence avec les éléments qui l'entourent.

Vous êtes-vous déjà demandé laquelle des espèces d'arbres vit le plus longtemps, qui a la capacité de régénération la plus intense ou quels sont les facteurs qui soutiennent cette longévité étonnante?

Il y a des arbres qui restent verts toute l'année et des arbres qui peuvent atteindre jusqu'à quelques milliers d'années, comme des séquoias, des cyprès, des oliviers. Leur environnement de vie conserve une certaine constance dans le sens qu'ils ne sont pas soumis à des changements brusques et importants, suite aux conditions météorologiques. Ils finissent également par avoir des dimensions et des qualités impressionnantes, d'autant plus qu'ils abondent en vigueur et en fraîcheur, n'étant pas nécessaire à renoncer à une partie significative de ce qu'ils représentent pour conserver leur énergie à un niveau optimal.

Il en va de même pour l'homme. Lorsque sa conscience est en déclin et qu'il est soumis à plusieurs reprises et pendant trop longtemps à des oscillations qui le font sombrer dans des émotions denses, sa vitalité diminuerait et il perdrait une multitude de cellules, ainsi que d'autres éléments constitutifs.

Le stress qui augmente d'un jour à l'autre deviendrait progressivement un état de normalité et ne serait en aucun cas l'expression de l'ascension de la conscience, mais de la décadence. Il ferait dégrader le corps et vieillirait à un rythme rapide.

La diminution progressive de la vitalité se concrétiserait par:

- ✓ La rareté des poils qui composent les cheveux;
- ✓ La diminution de la capacité d'adaptation aux conditions environnementales;
- ✓ La production et l'assimilation inadéquates des nutriments et des pigments;
- ✓ L'altération des fonctions et des propriétés cellulaires;
- ✓ L'incapacité de produire davantage de cellules sexuelles fertiles;
- ✓ La diminution du nombre de cellules souches;
- ✓ Le ralentissement des processus de guérison;
- ✓ L'atrophie de différentes parties du corps, etc...

Tous ceux énumérés ci-dessus, peuvent être considérés comme des signes de vieillissement, mais en réalité, ce sont des indices de la diminution de la lumière de celui en question.

Pour maintenir votre corps jeune, il est nécessaire que les expériences que vous vivez soient rafraîchissantes par la diversité qui les caractérise. Ainsi, ne pas stagner dans la monotonie et toujours faire quelque chose de nouveau, contribuerait à votre renouveau. Autrement, les cellules qui vous composent ne se renouvelleraient plus correctement et leur nombre diminuerait, tout comme diminuerait votre diversité, le nombre, et la qualité de vos expériences.

Lorsque vous pensez à maintes reprises aux événements malheureux que vous ayez vécus durant votre vie, vous ne permettriez pas au nouveau de se produire en vous, d'autant plus que vous tenez toujours à voir les choses à travers une même note d'identification.

Il ne suffit pas d'exister, mais il est très important de vivre consciemment et avec gratitude pour *l'essence* qui est en vous et autour de vous.

Le simple fait d'honorer la vie et de contribuer par vos choix à soutenir et à créer l'environnement qui lui convient, impliquerait l'augmentation du niveau d'énergie et d'intensité de la lueur des particules qui vous composent, et plus.

Dans la mesure où vous participeriez à la destruction de la Création et que vous manifesteriez trop peu de votre force de création, même en étant indolent et ne pas prendre attitude, la vie en vous s'éteindrait progressivement et vous décadriez. En tourmentânt et en tuant des êtres vivants ou en contribuant indirectement à l'abattage d'innombrables vies, vous tuez aussi des parties de vous-même, car vous êtes *un* avec tout ce qui existe.

Par votre comportement et vos actions destructrices, vous altérez la façon dont les autres ressentent, pensent, choisissent, etc., tout en vous détruisant. En d'autres termes, si vous infligez de la souffrance aux autres, si vous les manipulez et les conseillez mal, si vous les nourrissez intentionnellement d'illusions et de mensonges, vous vous faites du mal aussi.

Comme *la macro* se projette en *micro* et vice versa, tout préjudice que vous causez à quelqu'un, à quelque chose, a des conséquences non seulement sur vous, mais aussi sur les autres formes de vie existantes.

En général, lorsque vous voulez par envie que les autres ne prospèrent pas et ne parviennent pas à se créer une vie meilleure que la vôtre, même vous, vous ne seriez pas au-dessus d'eux. Même envier la beauté et l'abondance de ceux qui vous entourent suppose que vous leur voulez la déchéance.

Se concentrer sur les événements destructeurs de la vie des autres et leur donner une ampleur exagérée chaque fois que vous les évoqueriez impliquerait de se concentrer sur le côté *négatif* des réalités qui ne vous regardent pas directement et d'amplifier *l'obscurité* qui vous habite, et aussi celle de ceux avec qui, ou dont vous parlez.

À première vue, vous pensez que c'est difficile ou impossible d'éviter de parler de beaucoup de choses absurdes qui existent dans la vie quotidienne. Cependant, il est bénéfique de considérer que si vous leur accorderiez une attention exagérée, à un moment donné, votre force et votre clarté s'affaibliront, et il sera de plus en plus difficile pour vous de vous relever de là où vous seriez tombé.

C'est merveilleux d'avoir l'intuition de *quoi*, *à qui*, *quand et de quelle façon* communiquer. Ainsi, la communication se transformerait et passerait d'un acte banal à une forme d'art qui a le potentiel d'éveiller l'éclat et la profondeur dans les êtres qui nous entourent.

Il y'a des gens qui, au fil des ans, commenceraient à se sentir vieux et à se créer en conséquence, leur métabolisme s'éloignerait de *la normale* qu'ils auraient dû avoir suivant un niveau supérieur de conscientisation. Donc, si vous créez votre vie en fonction de *chiffres* ou de *modèles* suite à un état de non-inspiration, ne vous attendez pas à ce que vous vous épanouissiez mais plutôt à flétrir. L'âge lui-même ne représente qu'un nombre et n'a rien à voir avec l'intégrité physique, mentale et émotionnelle.

Même dans la nature, selon la dynamique déterminée par leur conscience, certaines fleurs se fanent après quelques heures de la floraison, tandis que d'autres tiennent pendant des jours. Certains arbres vivent des milliers d'années, tandis que d'autres ne vivent que quelques années. Certaines plantes, suite à certains facteurs nocifs, se régénèrent très rapidement, et d'autres, très lentement ou ne se rétablissent plus.

Il en va de même pour les personnes. Combien de temps vous vivriez et comment vous vivriez n'a rien à voir avec les chiffres, mais avec:

- ✓ Comment vous vous sentez vivant;
- ✓ Combien *de vie* vous créez;
- ✓ Comment vous vous rapportez à vous-même;
- ✓ À quel point vous êtes ouvert à l'existence;
- ✓ Combien de vitalité et de variété ont-ils, les éléments que vous attiriez dans votre corps;
- ✓ Combien de profondeur et de complexité, manifestez-vous de votre pouvoir créatif, etc…

Dans la mesure où vous orienterez votre attention vers vous, vers votre croissance et votre développement sur tous les plans, vous évoluerez plus facilement, vous aurez le pouvoir de matérialiser plus rapidement tout ce que vous désireriez, vous vivriez longtemps et vous seriez plus beau. Les personnes qui se concentreraient principalement sur ce qui se passe autour d'elles, c'est-à-dire à porter des jugements sur les échecs ou les succès des autres, distribueraient leur énergie dans des directions multiples et manqueraient de ressources pour réaliser leurs propres rêves.

Pour se sentir plein de vie, il est important d'éviter de faire des excès et de maintenir un certain équilibre sur la façon dont vous vous offririez.

L'homme s'offre par tout ce *qu'il crée* et ce qu'il *est*, comme sentiments, paroles et actes, et s'il offre parfois au-delà de sa capacité à restaurer son énergie, alors il se sentira fatigué.

Les arbres s'offrent à la fois à travers les fleurs, les fruits, les graines, la beauté ou les molécules d'oxygène qu'ils créent, mais aussi par beaucoup plus que cela. S'il arrive qu'un arbre donne beaucoup de fruits au cours d'une année et s'épuise, l'année suivante il produirait moins de fruits parce qu'il rétablirait son niveau d'énergie optimal grâce à la conservation. Ainsi, les éléments qui composent les formes de vie ont tendance à atteindre eux-mêmes les différents points d'équilibre.

L'harmonie a une multitude de nuances uniques. Un état d'harmonie pour une personne en particulier peut être considéré comme un état de chaos pour une autre. Certains êtres se sentent bien dans les régions arides et d'autres dans les environnements tropicaux. L'aridité que les oliviers aiment est destructrice pour les arbres qui aiment la fraîcheur et l'humidité et vice versa.

Un autre facteur qui peut impliquer une forte consommation d'énergie est, la nécessité d'adapter votre corps à un rythme rapide aux fluctuations des énergies environnantes. Ces variations peuvent être de natures météorologiques, émotionnelles, psychiques, économiques ou autres.

Compte tenu de l'aspect selon lequel nous nous créons et nous nous influençons les uns les autres, le simple fait de vivre dans une famille dont les membres ont souvent un comportement à prédominance fixiste et qui sont, souvent têtus et sévères, peut contribuer à la diminution de votre santé. Incidemment, l'un des facteurs qui participe à la diminution du système immunitaire est la cohabitation dans un environnement qui reflète la rigidité et la stagnation. Au lieu de cela, en choisissant d'être flexible et de vivre entouré de personnes flexibles, votre corps s'adapterait facilement aux transformations qui se produiraient autour de vous et consommerait ainsi, moins d'énergie.

L'environnement dans lequel vous choisissez de vivre pose son empreinte non seulement sur les pensées et les émotions que vous créez, mais aussi sur le fonctionnement de tout votre corps. Par exemple, dans les zones hostiles mais néanmoins habitables, comme les zones géographiques désertiques, rocheuses ou recouvertes de glace, on trouverait des personnes qui éprouveraient souvent des difficultés à maintenir leur corps dans les paramètres de fonctionnement optimaux. Ils consommeraient beaucoup d'énergie pour contrecarrer les effets environnementaux dans lesquels ils se trouvent. Non seulement leur qualité de vie laisserait à désirer, mais leur espérance de vie serait également inférieure à celle de ceux qui vivent dans des environnements fertiles et propices à la vie.

Le désert est un environnement de contrastes frappants, mais néanmoins pauvre en diversité. Par conséquent, il n'abonde pas non plus dans l'existence des vies ou de couleurs vives et variées, seulement, la densité des énergies qui le créent et qui l'habitent est beaucoup plus élevée. Les régions polaires et rocheuses n'oscillent pas d'une manière assez visible, mais les changements qui se produisent au niveau de leur dynamique, qui est d'ailleurs lente, se concrétisent par la fonte et la rupture des glaciers, la rupture de morceaux de roche, l'augmentation et la diminution de la taille des montagnes, etc…

Dans les régions à quatre saisons où il existe des différences notables dans la façon dont les différentes formes d'expression de l'énergie oscillent, la nature est influencée par des étapes naturelles d'adaptation telles que le verdissement, la floraison, la fructification, le jaunissement et la chute des feuilles, réalisant un circuit qui se répète.

Même si, visiblement vous ne percevez pas que vous êtes très différent lorsque vous vous regardez dans un miroir, chaque saison se manifeste aussi à travers vous. Concomitant avec les changements qui se produisent dans la nature, les différentes parties de votre être se multiplient, se renouent, fleurissent, deviennent plus belles et plus vitales, portent des fruits, offrent, conservent correctement leur énergie, s'estompent, restent dans un état latent, se décomposent, et ainsi de suite. Selon toutes ces étapes que vous traversez, vous vous sentez à différents *degrés* énergiquement, rêveur, heureux, apathique, somnolent, mélancolique, etc…

LES CYCLES DE LA VIE

Les oscillations se reflètent également en termes de naissance et de *soi-disant mort* du corps physique. D'un point de vue énergétique, il n'y a pas de *mort*, mais seulement *de vie*. Ce qui désigne l'appellation de *la mort* n'est qu'un moyen de faire passer l'énergie d'une forme de manifestation à une autre. Vous pouvez comprendre le phénomène de *la mort* du corps comme un *renouveau* de l'énergie que vous êtes, qui coule vers de nouvelles expériences propices à son accomplissement.

L'attachement au corps et aux expériences palpables alimente votre illusion qu'après cette vie, vous arrêtez d'exister, seulement, l'énergie ne peut pas être détruite, elle se trouve simplement dans une transformation continue.

L'énergie coule dans une infinité de directions, ce qui rend les environnements de vie et les corps qu'elle crée variés, conformes aux différents niveaux de brillance qu'ils expriment.

Les éléments de la nature et de l'Univers sont dynamiques, c'est-à-dire qu'ils s'attirent parfois pour fusionner et créer de nouveaux corps, et d'autres fois ils se séparent les uns des autres et voyagent vers d'autres environnements, dans lesquels suivent divers cycles de transformation, pour former ensuite d'autres corps, etc…

L'énergie que vous *êtes* ne peut pas rester à jamais piégée en un seul endroit et dans une seule hypostase, d'autant plus, qu'il est dans sa nature d'osciller et de créer des corps de plus en plus complexes et animés, dont les codes créatifs sont compatibles avec d'autres dimensions.

LES OSCILLATIONS DES ÉLÉMENTS QUI VOUS COMPOSENT

Les éléments cosmiques de partout contribuent à la création continue de notre planète et des êtres qui l'habitent, tout comme nous, nous contribuons à la création du Cosmos. Notre corps est donc composé d'éléments que l'on trouve à la fois sur Terre et dans le Multivers, qui se trouvent toujours dans un circuit cosmique infini.

Etant interconnectés comme un tout unitaire, nous sommes déterminés par les environnements à partir desquels nous nous formons, de sorte que, selon la conscience, la dynamique et les oscillations des éléments environnants, toute notre vie serait influencée.

Avec la poursuite de la pollution de la planète, au nom du profit ou du pseudo-confort du moment, notre qualité de vie sera à la hauteur des actions égoïstes que nous prenons en tant qu'espèce humaine, car les éléments de la nature augmenteront en densité et dégénéreront.

Bien entendu, tout ce qui existe a la capacité de se régénérer et de se rafraîchir à travers le prisme des circuits en cours. Si le rythme de la pollution diminuait considérablement, la planète se purifierait, abonderait en vitalité, en éclat et en couleurs vives, et les corps qui s'en créeraient seraient en meilleure santé.

Si vous choisissez de vivre dans un environnement propre qui peut vous fournir une alimentation plus pure, les éléments composants de l'organisme réaliseront des processus créatifs complexes qui soutiendront votre santé et votre longévité. Dans le cas contraire, votre corps se détériorerait rapidement, car les éléments les plus denses qui vous composeraient exerceraient une vaste action destructrice sur les autres.

Étant donné que, nous formons un *ensemble* avec tout ce qui existe, les oscillations de chacun de nous sont influencées non seulement par les événements qui se déroulent au niveau planétaire, mais aussi par celles qui se produisent dans l'Univers, tels que, le rapprochement et l'éloignement des satellites naturels, le changement de l'axe et du sens de rotation des planètes, la destruction de certains systèmes solaires, l'impact entre les différents corps cosmiques, l'alignement des planètes, la diminution ou l'intensification de l'éclat des différents soleils, etc...

Pour sa part, la Terre est aussi un être vivant, et de ce fait, elle est influencée par les ondes d'énergie émises à la fois de l'espace et par les êtres qui l'habitent. L'ensemble des tensions que nous créons tous s'accumulent et se font sentir, y compris au niveau de la planète, qui, pour équilibrer, refoule et se décharge par des tremblements de terre, des tsunamis, des ouragans, des éruptions volcaniques, etc…

Ainsi est aussi l'homme, à la suite des expériences fréquentes et répétitives de désagréments qui lui impriment et qui suscitent déceptions et colères, pour se libérer de la négativité, il a parfois tendance à se décharger d'une manière chaotique et destructrice, à savoir: il devient agité, il crie, il casse des objets ou devient agressif. Bien sûr que, ce chaos peut avoir de nombreuses nuances et peut être observé sous différents angles.

Celui qui cultive habituellement son état de conscientisation se rend compte immédiatement du désordre qui s'installe dans son être. En conséquence, il rétablira facilement son équilibre et alchimisera ses énergies de manière à donner une bonne direction à *l'instant*.

Pensez, que vous faites partie d'un circuit énergétique infini, qui oscille constamment, au sein duquel il y aura toujours des êtres qui se fixeront des limites absurdes, qui ne parviendront pas à gérer leurs sentiments, qui se refouleront en toutes sortes de façons violentes et qui se livreront à une série d'actions destructrices. La question est la suivante: *Comment voulez-vous vous créer et par quelles forces extérieures vous vous laisseriez influencer?* Nous sommes tous le *résultat* de tout ce qui se passe dans l'Univers, mais nous sommes aussi dotés du pouvoir de créer. En d'autres termes, nous avons la capacité de nous façonner en fonction de la grandeur et de l'éclat que nous manifestons.

Imaginez le réseau de la vie sous la forme d'un océan incommensurable. Chaque être vivant qui contribue à la création de l'océan, et qui en fait partie, génèrerait par chaque mouvement et respiration, une série d'ondes qui se propageraient dans toutes les directions. Au cours de leur voyage, ces ondes se croiseraient et s'affronteraient avec les ondes émises par les autres êtres qui se trouveraient autour d'eux, en leur transmettant des informations qui pourraient influencer leurs états intérieurs, c'est-à-dire la manière dont vibreraient les particules de vie qui les composent.

Toutefois, la rencontre entre les ondes que vous génèreriez et les ondes émises par d'autres espèces produiraient une série de transformations dans les éléments de l'environnement. Autrement dit, c'est comme si l'écho de chacun résonnerait chez tous les autres et vice versa, se fondant dans d'innombrables *réponses*, qui prennent la forme de toutes sortes de comportements et de synchronicités.

À l'élévation ou à la diminution de votre niveau de conscientisation, contribuent les consciences des éléments que vous inspirez, dont vous vous nourrissez et avec lesquels vous interagissez. Dès que vous comprenez ces aspects, vous deviendrez plus responsable envers vous-même et envers la planète et vous serez plus attentif à la nourriture que vous consommez et à la manière d'agir avec ceux qui vous entourent.

Toute forme de vie existe au regard du fait que d'une part, elle reçoit certaines formes d'énergie, qu'elle traite et transforme ensuite en d'autres nouvelles formes d'énergie et d'autre part, transmet les énergies qui en résultent sous la forme de sons, images, molécules gazeuses, liquides ou solides, ondes électromagnétiques, états comportementaux et plus.

Nous interagissons tous, fusionnons et Co-créons, et il n'y a donc aucun moyen pour la Terre de se créer exclusivement avec les éléments qu'elle produit, mais elle est aussi créée avec une multitude d'autres éléments cosmiques.

Chaque élément, quel que soit l'organisme ou le système auquel il appartient, peut à son tour être considéré comme un organisme ou un système, ayant la capacité d'être principalement créateur ou principalement destructeur en fonction de sa conscience.

Sur le plan énergétique, vous êtes continuellement créé et détruit par les autres formes de vie, tout comme vous contribuez à leurs processus de création et de destruction.

Étant donné que les éléments qui vous créent maintenant sont subordonnés à des circuits infinis, vous êtes constamment *vivant* à travers le corps des autres, ainsi que *d'autres* sont *vivants* à travers *vous*.

Toute la Création contribue à votre existence, tout comme vous contribuez à l'existence de tout ce qui a été, est, et sera créé.

*Les fleurs ne resteront pas éternellement
fleuries, tout comme le vent
ne souffle pas éternellement dans
la même direction, mais les fleurs et
le vent sont vivants à travers nous,
pour toujours.*

Épilogue

Nous avons toujours appris à nous rapporter à la vie en termes de dualité, mais *la vie* est infiniment au-delà de toute dualité. Nous ne pouvons pas être seulement bons ou seulement mauvais. Nous sommes plus ou moins brillants selon les choix et les actions que nous faisons.

Parfois, nous ne voulons avoir que des épanouissements et des joies, c'est pourquoi nous voudrions que la balance de nos vies ne pencherait que vers le côté positif et rejeter tout ce que nous n'aimons pas, tandis que d'autres fois, nous inclinons la balance uniquement du côté négatif et n'acceptons pas le fait que des choses merveilleuses pourraient aussi nous arriver.

Nous nous blâmons et nous nous détestons pour les moments de décadence où, nous nous stressons, nous souffrons ou nous nous retrouverions dans la situation de perdre le contrôle, ayant en vue que souvent, nous traitons superficiellement les expériences qui nous arrivent. Nous aspirons à l'amour et à l'acceptation de ceux qui nous entourent, en omettons combien il est important qu'en premier lieu *on doit s'offrir à soi-même*, l'amour et l'acceptation que nous attendons de la vie.

Le développement personnel suppose de surmonter beaucoup de conditionnements, apprendre à vivre en harmonie avec soi-même et avec ceux qui nous entourent (même si nous sommes parfois au milieu du chaos) et de choisir de profiter du bonheur de chaque instant tout en oscillant dans une infinité d'expériences.

Tout comme dans l'essence de chaque brin d'herbe c'est de pousser, il en est de même dans notre nature d'évoluer et d'exprimer de plus en plus de notre potentiel infini.

Nous ne sommes pas insignifiants, nous somme une partie importante de la *Création* avec tout ce qu'elle englobe.

Nous sommes tous des étincelles divines et nous manifestons notre éclat dans la mesure où nous comprenons, ressentons et acceptons cette vérité.

Notre vie prend le sens que nous lui conférons, mais pour que ce sens soit principalement édifiant, il est nécessaire de grandir dans la connaissance, et la connaissance accompagnée de sa mise en pratique, signifie la force.

Pour être satisfaits de nous-mêmes, il est important d'accepter nos erreurs qui nous aident à nous améliorer après chaque expérience, et pouvoir atteindre des niveaux supérieurs *de l'être*.

*Au fur et à mesure que nous
prenions conscience de nous-même,
nous percevrions et manifesterions de
plus en plus ce que nous considérions
comme étant inconnu.*